AF284807

ZUR ERINNERUNG

an meine geliebte Mami, meinen geliebten Papi
und meine geliebte Tante Ulle.

Ihr habt mich so bedingungslos geliebt,
wie ich Euch geliebt habe. Ich werde Euch immer
lieben. Ihr seid immer bei mir.

Die Erinnerung an Euch ist ein Segen.

R. Gabriele S. Silten

Ist der Krieg vorbei?

Nachkriegsjahre einer
jungen Überlebenden des Holocaust

Bibliografische Information der Deutschen Nationalbibliothek
Die Deutsche Nationalbibliothek verzeichnet diese Publikation in der Deutschen Nationalbibliografie; detaillierte bibliografische Daten sind im Internet über www.dnb.de abrufbar.

Ins Deutsche übersetzt von Monika Felsing.
Das Buch erscheint in Zusammenarbeit mit dem Geschichtsverein Lastoria, Bremen, innerhalb des Projektes „Deutschland auf der Flucht. Exil in Amsterdam Zuid 1933-45". Ein Portrait der Autorin ist auf der Website www.monikafelsing.de unter Projekte/Amsterdam/mehr (more) zu finden: „Gabriele Silten: Eine Welt ohne Gespenster".

Gestaltung: Wolfgang Rulfs
www.wolfgang-rulfs.de

Herstellung und Verlag: BoD – Books on Demand, Norderstedt

ISBN 9783753495248

INHALT

Dank

Vielen herzlichen Dank an alle, die mir auf die eine oder andere Weise bei dieser Arbeit geholfen und mich ermutigt haben. Vielen Dank an meine liebe Freundin Maryon Leonard, die mir bei jedem Schritt Mut gemacht hat, dann das englische Manuskript gegengelesen und mir hilfreiche Hinweise gegeben hat. Ich umarme sie. Danke und eine Umarmung auch für meine Freundin Lainie Lapis, die das Manuskript des Originals gelesen und mir viele hilfreiche Fragen gestellt und Vorschläge gemacht hat. Und an diejenige, die den Anstoß zu diesem Buch gegeben hat, Ursula Duba. Ich schulde ihr mehr Dank, als ich ausdrücken kann. Wenn sie nicht so entschieden darauf bestanden hätte, hätte ich dieses Buch vermutlich nicht geschrieben. Also meinen wärmsten Dank an Euch alle. Ich umarme Euch und bin glücklich und dankbar, dass wir befreundet sind.

Einige Worte vorab

Dies wird nur eine kurze Einführung, um zu erklären, woher ich komme und wie ich aufgewachsen bin. Das erklärt vieles in diesem Buch.

Ich bin in Berlin geboren, wie meine Eltern und Großeltern und viele Generationen vor ihnen. Das bedeutet, dass meine Vorfahren in dem Land, das jetzt Bundesrepublik Deutschland genannt wird, schon Jahrhunderte vor der Zeit der Haskalah, der jüdischen Aufklärung, gelebt haben, die im späten 18. Jahrhundert eingesetzt hat. Die Haskalah wird in „The Jewish Information Source Book" (Ronald H. Isaacs, Jason Aronson Inc. Publishing, 1993) wie folgt beschrieben (hier ins Deutsche übersetzt): „Es bezieht sich auf die Bewegung im 18. Jahrhundert, die die moderne europäische Kultur unter Juden verbreitet hat." Der Gründer dieser Bewegung war Moses Mendelsohn (1729-1786). In dem „Book of Jewish Knowledge" (Nathan Ausubel, Crown Publishers, Inc., 1964) steht das Folgende: „Er (Moses Mendelsohn) war sich darüber im Klaren, dass durch das generelle Verbreiten von freien Ideen, Gesetzen und Institutionen – was die Übung der Freiheit des Gewissens und eine Trennung von Kirche und Staat voraussetzte – Juden zum ersten Mal mit Christen gleichgestellt sein würden. Fast ein Jahrhundert später hat Ludwig W. Geiger (1848-1919), ein Literaturwissenschaftler, angesichts der Blüte des sozialen und kulturellen jüdischen Lebens in Deutschland Mendelsohn den „Vater der Berliner Haskalah" genannt.

Wegen der jüdischen Aufklärung und der Gleichstellung von Christen und Juden sahen sich sowohl meine väterlichen als auch meine mütterlichen Großeltern wie so viele andere deutsche Juden zuallererst als Deutsche. Sie waren vollkommen assimiliert. Obwohl sie wussten, dass sie jüdisch waren, praktizierten sie das Judentum nicht, sie hielten sich also nicht an die jüdischen Essensvorschriften, gingen nicht in die Synagoge, hielten die hohen jüdischen Feiertage und auch die anderen Feiertage nicht ein. Meine Eltern wurden daher als Deutsche erzogen und nicht als Juden. Als Ende der Zwanzigerjahre des 20. Jahrhunderts die Diskriminierung der Juden wieder stärker zu werden begann, verstanden sich meine Großeltern und Eltern selbst nicht als Juden, sondern als Deutsche. Also würde ihnen nichts passieren. Meine Eltern haben ihre deutsche Erziehung natürlich an mich weitergegeben. Es ist eine Art der Kindererziehung, die inzwischen ziemlich aus der Mode ist, zumindest in den USA und auch in vielen anderen Ländern. Es war die Zeit, in der Kinder zu sehen, aber nicht zu hören sein durften. Kinder mussten tun, was Erwachsene ihnen sagten, und hatten ihren Eltern zu gehorchen. Es war keine Zeit der Diskussionen, der Widerrede, des Protestes von Kindern, es war auch keine Zeit, in der Kinder viele Fragen stellten oder Eltern ihnen viel erklärten. Was die Erwachsenen sagten, wurde gemacht, das stand außer Frage. Eltern sprachen mit ihren Kindern nicht über ihre Gefühle, also sprachen Kinder auch nicht mit ihren Eltern über ihre Gefühle. Kinder, und auch ich, hatten sich nicht zu beschweren, besonders nicht über Kleinigkeiten. Wenn mir in späteren Jahren irgendetwas wehtat, sagte meine Mutter oder mein Vater: „Millionen von Leuten haben die gleichen Schmerzen. Denk nicht darüber nach. Rede nicht darüber."

Als Hitler 1933 an die Macht kam und die Diskriminierung der Juden fortsetzte, begannen die jüdischen Deutschen herauszufinden, dass die Gleichheit, die sie so sehr schätzten, nicht länger existierte. Es spielte keine Rolle mehr, dass sich Leute selbst als Deutsche und als nicht-jüdisch betrachteten oder dass sie assimiliert waren. Nachdem die Nürnberger Gesetze am 15. September 1935 verabschiedet worden waren, war jemand mit einem Viertel „jüdischen Blutes" Jude oder Jüdin und wurde nicht länger als Deutscher oder Deutsche betrachtet, egal, wie die Person über sich selbst dachte.

Dies bedeutete, dass Juden die Diskriminierung, der sie ausgesetzt waren, als Diskriminierung von Deutschen durch Deutsche verstanden. Zahlreiche Juden verließen Deutschland, einige Mitglieder meiner Familie gingen in das damalige Palästina (heute Israel), nach England, nach Dänemark oder nach Lateinamerika. Auch meine Eltern und ich haben das Land verlassen. Wir ließen meine Großeltern väterlicherseits und meine Großmutter müt-terlicherseits zurück (mein Großvater mütterlicherseits war gestorben, bevor meine Eltern geheiratet hatten). Wir ließen auch praktisch alles zurück, was wir besaßen, unter anderem die Möbel, Kleidung und mein Spielzeug (ich war fünf Jahre alt, als wir weggingen). Wir wanderten 1938 aus, um den Nationalsozialisten zu entkommen, und gingen nach Amsterdam. Meine Großmutter väterlicher-seits folgte uns 1939. Im Mai 1940 fielen die Deutschen in den Niederlanden ein, wie in vielen anderen Ländern, und von da an war das Land besetztes Gebiet, und es galten die gleichen Gesetze und Verbote wie in Deutschland. Im Juni 1943 wurden wir vier nach Westerbork deportiert, ein Konzentrationslager in den Niederlanden, und von dort im Januar 1944 nach Theresienstadt, ein Konzentrationslager in der Tsche-choslowakei. Wir wurden am 9. Mai 1945 von der Sowjetarmee befreit und kehrten schließlich nach Amsterdam zurück.

Vorwort

Im Jahr 1995 ist meine erste Autobiografie „Between Two Worlds" erschienen, in der es um meine Kindheit geht. „Meine Kindheit und meine frühe Jugend habe ich in einer Art Dämmerzustand verbracht", hatte ich im Vorwort geschrieben. „Dieses Buch geht zurück in Zeit und Raum, wobei ich versuche, mir wieder vor Augen zu führen, was mir damals passiert ist. Ich möchte meine Geschichte veröffentlichen, um einen kleinen Beitrag dazu zu leisten, dass sich ein solches Verbrechen gegen die Menschlichkeit nicht wiederholen kann."

Viele Leute haben mich über die Jahre gefragt und fragen mich immer noch: „Wie haben deine Erfahrungen dein jetziges Leben beeinflusst?". Oder: „Wie war das Leben, nachdem der Krieg vorbei war?"

In diesem zweiten Buch werde ich versuchen, diese und andere Fragen zu beantworten, vor allem die danach, wie das Leben war, nachdem „der Krieg vorbei war". Wie sind wir zurechtgekommen? Wie fühlten wir uns? Was taten wir? Ich kann natürlich nur für mich selbst sprechen und für niemand anderen, nicht einmal für meine Eltern, die Erwachsene waren, während ich ein Kind war. Um den Anschluss zu bekommen an den ersten Band, werde ich jetzt das letzte Kapitel von „Zwischen zwei Welten" wiederholen. Dann werde ich versuchen, dieses Kapitel zu ergänzen, weil es kaum Details enthielt.

NACH DEM KRIEG

Wir wohnen lange bei unseren Nachbarn, wahrscheinlich mindestens ein Jahr. Der Winter 1944/45 war schrecklich gewesen in Holland. Es war einer der kältesten Winter seit den Aufzeichnungen, und es gab kein Heizöl. Die Straßen waren nackt, ohne die Bäume, die man gefällt hatte, und auch die Parks hatten ihre Bäume und Büsche verloren. Die Leute nahmen zusammengebrochene Möbel und alles andere, das sie in ihren Öfen verbrennen konnten, um wenigstens etwas Wärme im Haus zu haben. Während des letzten Kriegswinters schickten die Deutschen so viel Nahrungsmittel wie möglich nach Deutschland, sodass so gut wie nichts übrig war für die Holländer. Dieser Winter ist als der Hungerwinter in die Geschichte eingegangen, in dem Menschen auf der Straße an Auszehrung starben, in dem sie nicht nur ihre Katzen und Hunde aßen, sondern auch was sie an Ratten und Mäusen fangen konnten. Sie aßen Tulpenzwiebeln, auf unterschiedliche Weise zubereitet, Tulpenzwiebelhackbraten, Tulpenzwiebeleintopf, Tulpenzwiebelkuchen. Als dann die Befreier kamen und Ei- und Milchpulver mitbrachten, Schokolade und alle Arten von Nahrungsmitteln, wurden die Holländer endlich vor dem völligen Verhungern gerettet. Wir hatten Lebensmittelrationierung nach dem Krieg, tatsächlich für viele Jahre nach dem Krieg, aber nicht viel war erhältlich. Natürlich hatten wir Lebensmittelkarten für Fleisch und Eier, aber wir konnten nichts kaufen, weil es nichts zu kaufen gab. Unter diesen

Umständen ist es nichts weniger als heldenhaft, wenn eine Familie, die schon zwei Kinder hat, eine weitere hungernde Familie aufnimmt, zwei Erwachsene und ein Kind. Und doch ist es das, was Carlas Familie tat. Irgendwie streckten sie, was an Essen da war, irgendwie schafften sie es, dass es für sieben reichte anstatt für vier. Irgendwie fütterten sie uns alle durch.

Carlas Familie meldete der Polizei auch die Frau, die in unserer früheren Wohnung wohnte und die Mitglied der Nationaal Socialistische Bond, der holländischen Nazi-Partei, und eine Kollaborateurin gewesen war. Sie kam ins Gefängnis, und wir konnten das gleiche Apartment mieten, das wir vor dem Krieg gehabt hatten.

Im August 1945 fing schließlich die Grundschule wieder an, und ich musste zurück in die Schule. Zuerst hatte ich Angst. Ich hatte immerhin zwei Jahre verpasst. Doch ich fand schon bald heraus, dass es mir nicht alleine so ging. Einige meiner Mitschüler in der fünften Klasse waren etwa 16 Jahre alt, sie hatten auch nicht zur Schule gehen können, weil sie in einem Versteck oder in einem Konzentrationslager gewesen waren, oder aus irgendeinem anderen Grund. In den nächsten Jahren strengte ich mich an, das Versäumte aufzuholen, es gelang mir, von einer Klasse in die nächste zu kommen, ohne auch nur eine zu wiederholen. Langsam, aber sicher wurde das Leben wieder normal, besonders nachdem wir drei wieder in unserer eigenen Wohnung wohnten. Normal? Nein, nicht wirklich normal. Zu viele Menschen waren „nicht zurückgekommen", das heißt, sie hatten nicht überlebt. Zu viele Narben, sowohl körperliche als auch seelische, blieben zurück – und sind noch heute da. Zu viele Ängste blieben und bleiben. Zu viele Erinnerungen leben mit uns. Zu viele Geister um uns. Aber wie meine

Freundin Carla in einem ihrer Briefe gesagt hat: *„Du bist zurückgekommen. Es stimmt, du bist ohne Omi zurückgekommen, aber du bist zurückgekommen. Wie in aller Welt war all das möglich?"*

Etwa im März 2001 kam es zur folgenden Online-„Konversation" zwischen meiner Freundin Charlotte und mir. Sie war in demselben Konzentrationslager gewesen wie ich, in Theresienstadt oder auch Terezín, wie es auf Tschechisch hieß, aber weil wir unterschiedlich alt waren, hatten wir einander dort nicht gekannt. Die Konversation vermittelt einen kleinen Eindruck davon, wie wir uns fühlen und wie wir heute leben.

Charlotte schrieb das Folgende:

Vor fast sechzig Jahren ist mir gesagt worden, dass ich meine Welt zu verlassen und mich mit den Millionen anderer Juden an einen bestimmten Ort zu begeben hatte, was zuallererst bedeutete, dass ich in ein Kaninchenloch namens Konzentrationslager fiel. Egal, wie sehr ich es versuche, es ist mir nie gelungen, das Tageslicht wiederzusehen.
Nach einigen Jahren an diesem Ort wurde mir gesagt, dass ich hinausklettern und mich der menschlichen Rasse wieder anschließen könne. Und von diesem Moment an wäre ich wieder ein freies und normales menschliches Wesen.
Mir wurde gesagt, dass die mutige Sowjetarmee und andere Soldaten die deutschen Soldaten in unserer Nähe besiegt hatten. Das Leben werde nun wieder in normalen Bahnen verlaufen. Ich fand heraus, dass das ganz und gar nicht die Wahrheit war.
Zu verschiedenen Zeiten habe ich versucht, einen kurzen Blick auf diese Welt zu werfen und mich zu den

sogenannten normalen Leuten zu gesellen, aber das ist eine unlösbare Aufgabe. Mir ist klar geworden, dass diese sogenannte normale Welt sehr viel eigenartiger ist und sogar absurder und bizarrer als das Leben mit meinen Freunden in dem Kaninchenloch.

Es gibt vollkommen normale Leute, die BEHAUPTEN, bei mir und meinen Freunden gewesen zu sein – aber sie geben das nur vor. Einer von ihnen hat ein Buch über seine Erfahrungen geschrieben, aber er hat nur Geschichten erzählt.

Ein anderer Mann, ein Geschichtswissenschaftler, behauptet, dass es keine Kaninchenlöcher und keine Konzentrationslager gegeben hat. Er schreibt Sachbücher, hat viele Anhänger und hält Vorträge, in denen er sagt, dass nichts von dem, was ich mit meinen Augen gesehen und meinen Ohren gehört habe, geschehen ist.

Ich finde das alles sehr verwirrend. Würde mir bitte jemand den Weg aus dieser „normalen" Welt heraus zeigen und zurück in mein Kaninchenloch?

Ich antwortete auf Charlottes Mail und schrieb ihr:

Ich befürchte sehr, Charlotte, dass wir, die in dem Kaninchenloch waren, niemals in der Lage sein werden, es zu verlassen. Wie Du finde ich die „normale" Welt eigenartiger (und das ist eine Untertreibung) und finde Menschen, die so tun können – ernsthaft, ich bitte Dich –, dass Kaninchenlöcher nicht existiert haben, noch befremdlicher. Ich denke, dass es eine unlösbare Aufgabe ist, wie „Wir-aus-dem-Kaninchenloch" in zwei Welten zu leben, von denen keine normal ist, was auch immer „normal" ist. Ob es uns jemals gelingen wird, so zu leben, werden wir sehen.

In diesem Buch möchte ich beschreiben, so gut wie ich es vermag, was ich gefühlt habe während dieser Nachkriegsjahre und warum ich sage, dass zu viele Narben geblieben sind, sogar bis heute. Ich habe mich auf mein Gedächtnis verlassen, und ich habe Gespräche zwischen meinen Eltern und mir rekonstruiert und zwischen Freunden und mir. Dieses ist kein Buch voller überprüfbarer Fakten, es ist ausdrücklich ein Buch, das auf Erinnerungen, Gefühlen, basiert und auf dem, was ich heute Empfindsamkeit nenne, das heißt, Reaktionen auf Dinge, die ich gesehen, gehört, gerochen habe, sogar heute noch.

Ernst Silten	**Marta Silten**	**Richard Teppich**	**Gertrud Teppich**
* 22. Apr. 1866	(geb. Friedberg)	* 27. Juni 1869	(geb. Herz)
† 5. März 1943	* 12. Okt. 1877	† 18. Juli 1931	* 12. Febr. 1880
	† 7. Juli 1943		† 18. Nov. 1942
	∞ 15. März 1900		∞ 14. Okt. 1903

Heinz (Henry) Silten	**Fritz Silten**	**Ilse Silten**	**Ursula (Ulle)**
* 11. Juni 1901	* 16. Febr. 1904	(geb. Teppich)	**Teppich**
† 13. März 1953	† 5. Nov. 1980	* 23. Febr. 1909	* 6. Dez. 1914
		† 23. Febr. 1977	† 5. Mai 1990
		∞ 6. Aug. 1931	

**Ruth Gabriele
Sarah Silten**
* 30 Mai 1933

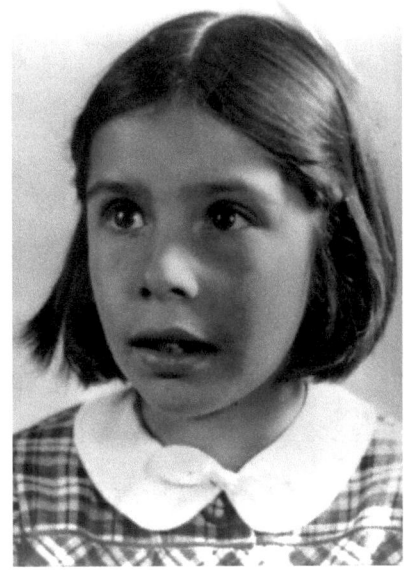

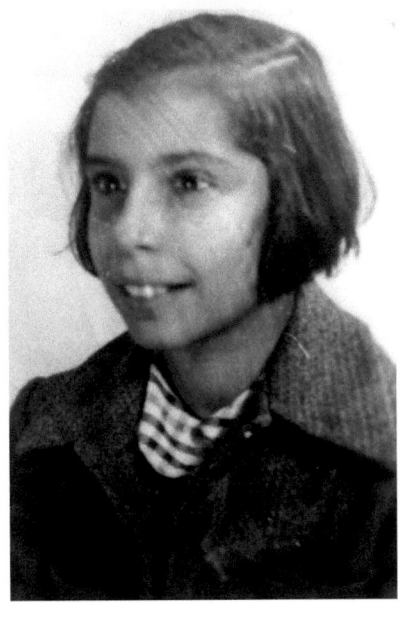

Oben: Gabriele, 1938, im Alter von fünf Jahren.
Mitte: Gabriele, 1941, im Alter von acht Jahren.
Unten: Gabriele, 1945, im Alter von zwölf Jahren,
unmittelbar nach dem Konzentrationslager.

19

Ist der Krieg vorbei?

HEIMKOMMEN

Juni 1945. Ich bin zwölf Jahre alt. Das heißt: Ich bin zwölf, fühle mich aber wie acht, und ich bin zwölf, fühle mich aber wie hundertfünfzig. Diese beiden Personen wohnen in mir und kommen zu unterschiedlichen Zeiten zum Vorschein. Bin ich ein Kind? Natürlich – mit zwölf war ich auf jeden Fall ein Kind, vor allem zu dieser Zeit in Europa. Aber ich war auch, zu genau dergleichen Zeit, eine sehr alte Frau, sehr viel älter, als ich in Wirklichkeit jemals werden werde. Wirklichkeit? Was ist das? In Wirklichkeit bin ich zwölf, und in Wirklichkeit bin ich acht und hundertfünfzig. Meine Eltern und ich haben gerade drei Jahre unter Kriegsbedingungen und zwei Jahre in einem deutschen Konzentrationslager verbracht, von Juni 1943 bis zur Befreiung im Mai 1945. Dann mussten wir bleiben, bis die Typhus-Epidemie vorüber und eine Transportmöglichkeit nach Hause gefunden war. Wir wurden nach Eindhoven gebracht, wo wir eine Woche blieben, bis man herausgefunden hatte, wohin wir gehen könnten. Jetzt sind wir endlich wieder zu Hause. Die Lager waren Wirklichkeit. Das Heimkommen war die Wirklichkeit. Wirklichkeit ist, wahrscheinlich, was ich fühle im jeweiligen Moment.

Daheim? Was ist daheim? Was bedeutet das? Ist Holland unser Zuhause? Wir sind jetzt wieder in Holland, und, was für eine Freude, jeder spricht Holländisch, nicht das verhasste Deutsch. Holländisch ist so viel weicher in meinen Ohren, ich liebe die vertrauten Laute. Kein „Gebell" mehr, kein „schnell, schnell". Sogar der Himmel ist froh, dass wir zurück sind, er ist so blau, wie er nur sein kann, mit nur ein paar weißen Wölkchen. Er lächelt, weil wir heimkommen. Ich wünschte, ich könnte auch lächeln, aber ich weiß nicht mehr, wie. Die Kriegsjahre waren so lang, und in den Lagern gab es nichts zu lächeln. Wie lächelt man? Warum lächelt man? Sie haben uns in einem Lastwagen nach Hause gebracht. Das war beängstigend, denn als sie uns deportiert haben, war es auch ein Lastwagen. Aber es stellte sich heraus, dass alles in Ordnung war. Diesmal. Ist Amsterdam unser Zuhause? Wir ziehen zu Carla, in die Wohnung über der, in der wir vor dem Krieg gewohnt haben. Sie umarmen uns wieder und wieder zur Begrüßung. Heißt das: zu Hause?

Die Leute, die uns umarmt haben, das waren diejenigen, die uns in Eindhoven in Empfang genommen hatten. Waren sie Freiwillige? Waren sie ein Komitee? Waren sie aus eigenem Entschluss gekommen? Ich wusste es damals nicht, und ich weiß es bis heute nicht. Für mich waren sie einfach Leute, die ich nicht kannte, Erwachsene, die mir dank der Macht, die alle Erwachsenen hatten, sagen konnten, was ich zu tun hatte.

Alle sagen „willkommen daheim", aber das erklärt mir nichts. Niemand erklärt mir, was „daheim" bedeutet. Es bleibt mir selbst überlassen, das herauszufinden, wenn ich kann. Erst treffen wir Carlas Familie, dann kommen Nachbarn, uns zu begrüßen, und sogar die Besitzerin des Eckladens, Mevrouw Gijtenbeek, Frau Gijtenbeek, kommt vorbei, um mich zu drücken und meinen Eltern die Hand zu geben.

Was soll ich tun? Ich weiß nicht, ob ich etwas sagen soll oder nicht. Vielleicht ist es besser, einfach still zu sein? Sie fragen mich wenigstens nichts, also muss ich nicht antworten. Ich weiß sowieso nicht, was ich sagen soll. Soll ich im Zimmer bleiben? Und wenn nicht, wohin sollte ich gehen? Wir wissen noch nicht einmal, wo wir schlafen werden. Vielleicht bleibe ich im Raum, aber ich bewege mich nicht, dann wird mich niemand sehen. Ich werde unsichtbar sein. Das wäre schön.

Am Ende bleibe ich bei den Erwachsenen und sage nichts. Es beachtet mich sowieso niemand, und solange ich nichts sage, reden sie nicht mit mir. Das ist der sicherste Weg. Es ist immer sicher, wenn keiner von mir Notiz nimmt. Irgendwann zeigen sie uns, wo wir schlafen können. Und so beginnt das Leben in der Freiheit, wenn auch mit vielen Fragen, vielen unbekannten, die noch verbleiben, die erste davon war: *Was ist das, Freiheit?* Die Leute sagen meinen Eltern und mir, dass wir jetzt „frei" sind. Aber ich weiß nicht, was das bedeutet. Ich bin nicht wirklich frei. Kein Kind im Alter von zwölf ist wirklich frei. Ich muss bei meinen Eltern bleiben, und wir müssen bei Carlas Familie bleiben, weil wir nirgendwo anders hinkönnen. Ich muss tun, was meine Eltern mir sagen. Ich habe ihnen zuzuhören, wenn sie mit mir sprechen. Ich habe zu essen, wenn sie mir das sagen, und habe das zu essen, was es gibt. Was ich gemacht habe, ist jetzt verboten, also weiß ich nicht, was Freiheit bedeutet.

Ich war schließlich untergewichtig und zu klein für mein Alter. Ich sah nicht älter aus als acht. Ich dachte, das wäre ein Makel. Vielleicht war das so, weil ich eine Jüdin war. Es gab so viele Gesetze gegen die Juden, uns waren so wenige Dinge erlaubt, und so viele waren uns verboten. Wir konnten nicht gehen, wohin wir wollten. Dann wurden wir in Konzentrationslager deportiert. Jüdisch zu sein, war offenbar schlecht, denn warum hätten uns die Nazis sonst in Konzentrationslager stecken sollen? In meinen Augen hatte ich viele Makel, auch wenn sich einige erst später zeigen sollten. Mein Hauptmakel war, abgesehen von meinem Jüdischsein, dass ich hässlich war – zumindest in meinen Augen.

In Carlas Wohnung

Als wir in Amsterdam ankamen, nach der Woche in Eindhoven, war die ganze Stadt geschmückt, und es gab ein großes Fest. Die Niederländer, die Immigranten, jeder war glücklich, dass der Krieg vorbei war und die Deutschen weg waren. Oom Wim, Onkel Wim, ging mit mir die Straße hinunter, um zu sehen, ob wir seine Tochter Carla finden könnten, die irgendwo dort draußen war. Tatsächlich fanden wir sie, Carla und Anneke, eine gemeinsame Freundin aus der Nachbarschaft.

„Wie war's im Lager?"

Aber ich kann nicht antworten. Ich kann nur mit den Achseln zucken.

Ich kann ihnen nicht von dem Hunger erzählen, sie sind genauso hungrig gewesen. Ich kann nicht erklären, wie es ist, immer auf der Hut zu sein, weil du Angst hast, bestraft zu werden. Wie kann ich darüber sprechen, wie es ist, neben einem Toten aufzuwachen? Wie kann ich ihnen von den Toten erzählen, die die ganze Zeit um mich waren? Wie kann ich über die Flöhe und die Läuse und die Bettwanzen reden, wenn sie keine hatten, und vielleicht wissen sie nicht mal, wie die aussehen?

Also bin ich einfach ruhig und zucke die Schultern als Reaktion auf die Frage. Ich habe vergessen, wie das Leben außerhalb der Lager war, und ich konnte noch nicht – und noch für viele weitere Jahre – über die Lager sprechen und darüber, wie es dort gewesen war.

Carlas Wohnung war genau wie unsere von vor dem Krieg: Sie hatte ein großes Wohnzimmer, ein gleich großes Esszimmer, zwei Schlafzimmer, die auch groß waren, eine Küche und ein Badezimmer. Das Wohnzimmer und das Esszimmer waren miteinander verbunden und konnten voneinander getrennt werden, indem man die gläserne Schiebetür schloss. Es gab einen Dachboden mit mehreren Kammern. Er war ein bisschen anders als der Dachboden unserer Wohnung, hatte einen großen Raum wie unserer und einen kleinen, in dem wir schlafen sollten. Es war ungefähr so klein wie unser letzter Raum in Theresienstadt gewesen war und wir – meine Eltern und ich – waren ein bisschen beengt dort. Aber wir waren daran gewöhnt. In Theresienstadt hatten wir entweder in einem größeren Saal mit 50 anderen geschlafen oder in einem kleineren Raum, den wir nicht ganz für uns hatten, weil eine Mutter und ihr kleiner Sohn dort auch schliefen. Als wir in dieser ersten Nacht schlafen gingen, staunte ich:

„Oooooh, schau, das Bett hat Laken, und sie sind weich und sauber und weiß. Und die Matratze ist nicht mit Stroh gefüllt! Es gibt auch ein Kissen. Was für ein Luxus, ich kann es kaum glauben. Und ZWEI Bettdecken, schöne, warme. Sind sie aus Wolle? Die, die wir in Theresienstadt gehabt haben, war sehr dünn. Und, Wunder über Wunder, es gibt weder Flöhe noch Bettwanzen. Es ist unglaublich! Das muss der Himmel sein! Es kann nicht wahr sein, oder doch?“

Es war sehr schwer zu glauben, dass solcher Luxus echt war, wirklich existierte und dass es uns, Konzentrationslagerhäftlingen, tatsächlich erlaubt war, so zu schlafen. Und so schliefen wir in diesem Schlafzimmer, solange wir bei Carlas Familie wohnten. Es wurde von uns erwartet, dass wir wieder ein „normales Leben" führten. Das war schwierig, denn was war „normal"? Für mich als eine Zwölf-/Acht-/Einhundertfünfzigjährige war „normal", was ich in den vergangenen zwei Jahren in den Lagern und in den drei Jahren in Amsterdam im Krieg erlebt hatte. Und so ereigneten sich einige Dinge, die in späteren Jahren zum Lachen sein konnten und es häufig auch waren. Eines Tages habe ich meine Mutter gefragt:

„Mami, ich habe kein Klopapier mehr. Hast du noch welches? Kann ich welches haben?"

Meine Mutter schaute mich mit großen, erstaunten Augen an:

„Hast du es nicht dort hängen sehen? Es ist in der Nähe der Toilette."

Jetzt war es an mir, erstaunt zu gucken.

„Du meinst, das können wir benutzen? Wie viel davon kann ich nehmen? Was, wenn es zu Ende ist?"

Meine Mutter antwortete:

„Natürlich kannst du dir das nehmen. Es ist alles für uns. Du kannst so viel davon nehmen, wie du willst. Wenn die Rolle zu Ende ist, werden wir sie ersetzen. Wie kann es sein, dass du das nicht weißt? Erinnerst du dich nicht daran, wie das war?"

„Nein, Mami, ich erinnere mich überhaupt nicht daran. Alles, was ich weiß, ist, dass wir nur ganz wenig nehmen

durften in Westerbork und Theresienstadt, und ich weiß noch, dass wir oft gar keins hatten."

Für mich war das einst der ersten Wunder des Heimkommens: sich vorzustellen, dass man so viel Klopapier hat, wie man braucht. Unglaublich! Eines Nachts entschied ich mich, nachdem ich ins Bett gegangen war, ein Spiel zu spielen. Das Bett, in dem ich schlief, war ein Klappbett. Es kam aus der Wand und während des Tages wurden das Bettzeug und das Laken mit Gurten am Platz gehalten. Ich entschied mich dazu, herauszufinden, wie es sein würde, unter einem von diesen Gurten zu schlafen. Ich dachte, es könnte Spaß machen. Also befestigte ich den Gurt über meiner Brust und schlief ein. Als meine Eltern hochkamen, waren sie entsetzt: Sie dachten, ich hätte versucht, Selbstmord zu begehen, indem ich mich mit dem Gurt stranguliere. Nichts lag mir ferner, für mich war es nichts anderes als ein Spiel. Am nächsten Tag sprachen sie mit mir darüber: Warum hatte ich mich strangulieren wollen?

Mich strangulieren?????? Wie um Himmelswillen kommt ihr darauf? Der Gurt ging über meine Brust, nicht über meinen Hals! Ich hatte nicht die Absicht, mich zu strangulieren!

Ich war wirklich sehr ungehalten wegen der ganzen Sache, denn ich hatte den Eindruck, dass sie mich völlig missverstanden hatten. Heute kann ich nicht nur verstehen, was meine Eltern gedacht haben, sondern auch, warum. Viele Leute wählten nach dem Krieg den Freitod, sie hatten ihre Familien verloren, ihre Freunde waren nicht zurückgekommen, und sie waren allein in der Welt, einer Welt, die sie, vor nicht allzu langer Zeit, nicht gewollt hatten. Auch ich und meine Familie waren unerwünscht gewesen – aber Selbstmord hatte ich wirklich nicht im Sinn gehabt.

So kurz nach dem Krieg waren viele Dinge noch nicht wieder erhältlich oder möglich. Die Wohnung war in einem Wohnblock. Er wurde von einem Gebäude aus geheizt, in dem der Vermieter wohnte, und auch das heiße Wasser kam von dort. Mehrere Jahre nach dem Krieg hatten wir kein heißes Wasser, weil es keine Kohle gab, daher konnte kein Wasser erhitzt werden, und wir konnten nicht baden oder duschen. Wir konnten uns nur am Waschbecken waschen. Als der Winter kam, gab es wieder keine Wärme. Keine Kohle, keine Wärme. Wir trugen einfach zusätzliche Kleidungsstücke, wenn wir welche hatten. Wieder konnte ich mich nicht an einen warmen Platz zum Leben erinnern, an warme Räume oder eine warme Wohnung. Ich erinnerte mich auch nicht daran, als Kohle wieder erhältlich war. Ich weiß noch, dass wir, als es zum ersten Mal wieder warmes Wasser gab, schon wieder in unserer Wohnung waren, also muss es etwa ein Jahr nach Kriegsende gewesen sein. Wir hatten nur einmal die Woche welches, am Samstag. Wenn du dann baden wolltest, musstest du es früh am Morgen tun, sonst war das warme Wasser verbraucht, denn alle wollten baden, in jeder Wohnung, im ganzen Block. Im Allgemeinen wuschen wir uns einfach am Waschbecken. Wenn ich Glück hatte, machte meine Mutter einen Kessel voller Wasser auf dem Ofen heiß und ich konnte es nach und nach ins Waschbecken gießen, kaltes Wasser dazu tun, dann hatte ich lauwarmes Wasser, um mich zu waschen, anstelle von eiskaltem. Meine Mutter, und das war typisch für sie, überprüfte mich, nachdem ich mich gewaschen hatte, um zu sehen, ob ich mich überall kühl anfühlte, ein Zeichen, dass ich mit dem kalten Wasser in Verbindung gekommen war. Wenn sich meine Haut warm anfühlte, sorgte sie dafür, dass ich mich noch einmal wusch, und behielt mich dabei im Auge!

Das waren Dinge, die mich nicht weiter verstörten – ich wusste es nicht besser und nahm alles so, wie es kam. Es gab allerdings andere Dinge, und die waren verstörend. Zum einen war die Wohnung unter uns, also die Wohnung, in der wir vor dem Krieg gelebt hatten, von einer Frau besetzt, die zum N.S.B., der niederländischen Nazipartei, gehört hatte. Entweder hatte sie die Wohnung nach unserer Deportation „erhalten" oder sie war einfach dort eingezogen. Weil die Wände ziemlich dünn waren, konnte man hören, was in den anderen Wohnungen vor sich ging. Ich konnte die Nazi-Frau herumgehen hören, sie von einem Raum in den anderen gehen, auf die Toilette gehen hören und so weiter. Sie war allgegenwärtig. Obwohl ich sie nicht kannte und sie nicht sah oder traf, wusste ich, sie war dort, und ich wusste, was sie war: eine von denen, die den Tod von uns Juden wollten. Weil mir niemand etwas anderes sagte, war ich davon überzeugt, dass sie uns immer noch tot sehen wollte. Ich wusste nur nicht, wie sie es anstellen wollte. Für mich war es wirklich keine Frage von ob, sondern von wann. Ich erwartete jeden Tag, jeden einzelnen Tag, dass sie kommen und mich abholen würde, meine Eltern und mich abholen würde. Unser Schicksal war ungewiss. Genau wie es zwei Jahre zuvor geschehen war, als wir deportiert wurden. Ihre Gegenwart machte mir das Leben sehr schwer. Carlas Familie hatte sie der Polizei gemeldet, und endlich kamen sie, verhafteten sie und brachten sie ins Gefängnis.

Trotzdem war ihre Gegenwart dort immer noch zu spüren, denn obwohl der Vermieter uns die Wohnung wieder mieten ließ, hatten wir keine Möbel und mussten uns mit dem behelfen, was die Nazi-Frau zurückgelassen hatte, als sie ins Gefängnis gekommen war. Ich hatte ihr Bett in meinem Zimmer und schlief jede Nacht darin. Ich hatte ihren Tisch und ihre vier Stühle, und alles andere, das sie in dem Zimmer zurückgelassen hatte wurde mein, nachdem wir wieder eingezogen waren. Ich bekam keine neuen Möbel, Möbel, die eigens für mich waren, zumindest nicht bis zu meinem 21. Geburtstag, fast zehn Jahre später. Anfangs waren keine Möbel zu bekommen, es gab einfach keine zu kaufen. Später, als wieder Möbelstücke erhältlich waren, konnten wir uns keine leisten, mein Vater hatte seine Arbeit, das stimmte, aber niemand hatte Geld übrig, auch wir nicht. Geld wurde für Essen, Kleider und Miete gebraucht. Alles andere war Luxus.

THEMENWECHSEL UND SCHWEIGEN

Gleich nach dem Krieg änderte sich die Sprache. Darüber zu reden, was uns widerfahren war, war ein Tabu, zumindest bei uns zu Hause. Ich konnte keine Fragen stellen, konnte nicht um Erklärungen bitten.

„Mami, hast du gehört, ob Hans zurückgekommen ist? Wo ist er? Weißt du irgendwas?"
„Nein, ich weiß nichts."

Das war die Standardantwort: *„Ich weiß nichts."* Oder es trat Schweigen ein, anstelle einer Antwort, und dann war da dieser Blick, der bedeutete: *„Stell nicht solche Fragen."* Selbst wenn meine Eltern etwas gehört oder herausgefunden hatten, was geschehen war, erzählten sie mir nichts. Schließlich hörte ich auf zu fragen. Ich konnte nicht darüber sprechen, auch nicht darüber, was ich dabei empfand oder wie ich mich selbst als Überlebende fühlte. Ich kannte nicht einmal das Wort „Überlebende". Wenn wir über Freunde redeten, die wir lange nicht mehr gesehen hatten, verlief das Gespräch ungefähr so:

„Was ist mit Herrn Levinsohn passiert, Papi? Und was ist aus seinem Hund geworden?"

„Ach, Herr Levinsohn, nein, er ist nicht zurückgekommen. Wir wissen nicht, was mit ihm ist."

Meine Eltern benutzten den üblichen verharmlosenden Ausdruck *„sie sind nicht zurückgekommen".* Das bedeutete, sie sind ermordet worden, sie haben nicht überlebt, sie sind in irgendeinem Lager umgebracht worden. Wenn ich auf der Straße Leuten begegnete, Leuten, die ich vor dem Krieg gekannt hatte, gab ich ihnen automatisch Auskunft. So zum Beispiel: *„Frau Cohn, wie geht es Ihnen? Meine Eltern werden sich so darüber freuen, dass ich Sie gesehen habe!"* Das hieß, dass meine Eltern am Leben waren, überlebt hatten. Ich fragte andere nie, was ihnen geschehen war oder wie es ihren Angehörigen ging, schließlich wusste ich nicht, ob ihre Verwandten zurückgekommen waren. Ich gab nur Auskunft, und das taten sie auch. Ich erzählte das dann meinen Eltern:

„Ich habe heute Frau Van der Beek getroffen, als ich von der Schule nach Hause gekommen bin. Sie lebt jetzt allein. Aber ihre Tochter lebt in Den Haag."

Meine Eltern wussten dann, dass Frau Van der Beeks Ehemann „nicht zurückgekommen war". Familienangehörige und Freunde waren verschwunden und wurden nie wieder gesehen. Andere emigrierten gleich nach dem Krieg nach Palästina (das heutige Israel), nach Australien oder in die USA. Ich kam nicht immer dazu, ihnen „auf Wiedersehen" zu sagen, und in einigen Fällen haben wir sie nie wieder gesehen. In anderen Fällen kamen Freunde der Familie nach ein paar Jahren zurück, nachdem sie sich in dem neuen Land eine Existenz aufgebaut hatten, um uns und andere Freunde zu besuchen. Dann fand ich heraus, nein, diese Freunde waren doch nicht tot, wie ich gedacht hatte, sie waren emigriert und kamen jetzt, um uns zu treffen.

Ein Ehepaar, Herr und Frau Benjamin, war in die USA gegangen, lebte in New York, und hatte sich ein neues Leben aufgebaut. Sie kamen ein paar Jahre später auf Besuch, und ich war sehr froh darüber, denn sie waren meine Lieblingsnachbarn gewesen.

„Tante Jetty und Oom Fred, wie wunderbar, euch zu sehen! Wo seid ihr die ganze Zeit gewesen? Bleibt ihr jetzt hier? Nein? Und wie lange werdet ihr bleiben? Wie oft werde ich euch sehen? Wo seid ihr untergekommen?"

Aber obwohl wir wussten, warum Tante Jetty und Oom Fred emigriert waren, wurde nie ein Wort über die Vergangenheit verloren, über nichts, das ihnen geschehen war. Wir vermieden einfach das Thema, das war sowohl ein ungeschriebenes Gesetz als auch ein offenes. Eines der Themen, über das nicht gesprochen wurde, war die Familie von Hans. Hans und ich waren in Theresienstadt unzertrennlich gewesen. Er und seine Eltern und sein älterer Bruder waren 1944 mit dem Herbsttransport deportiert worden. Damals wusste ich nur, dass diese Transporte „in den Osten" gingen. Ich wusste auch, dass das ein „schlimmer Ort" war. Ich hatte den Namen Auschwitz noch nicht gehört. Ich wusste damals nicht, dass Menschen vergast wurden. Nach dem Krieg hüllten wir uns in Schweigen über dieses Thema, jedenfalls in meiner Familie. Deshalb konnte ich nicht länger, wie anfangs, nach Hans fragen, konnte mich nicht erkundigen, ob irgendjemand seinen Namen auf einer Liste mit Überlebenden gesehen hatte, konnte nicht fragen, was mit ihm geschehen war oder was meine Eltern dachten, das mit ihm geschehen war. Ich nahm einfach an, dass er tot war, dass die Nazis ihn ermordet hatten. Trotz dieser Schlussfolgerung hoffte ich weiter, dass ich ihn eines

Tages auf der Straße oder in der Schule oder irgendwo anders treffen würde.

Da, dieser Junge, er hat hellbraunes Haar, könnte es Hans sein? Dieser andere Junge da ist klein und sehr dünn, könnte er es sein? Vielleicht treffe ich ihn in der Schule, wer weiß? Sicher würden sie nach Amsterdam zurück-kommen, warum kann ich ihm nicht einfach über den Weg laufen? Vielleicht wohnt er in einem anderen Teil von Amsterdam, vielleicht in Amsterdam Ost? Ich wünschte, ich könnte jemanden fragen. Aber wen?

Sogar später noch, als ich älter war und das Gymnasium verlassen war, hoffte ich weiter darauf, dass er überlebt hatte. Es war kein Hoffen wider besseres Wissen, weil ich nichts darüber wusste. Auch später, nachdem ich in die Vereinigten Staaten emigriert war, hatte ich immer noch Visionen, Hans irgendwo zu sehen, ihn sofort wieder-zuerkennen, ihn wieder zu sehen.

Immerhin, wenn ich emigrieren konnte, dann konnte es jeder andere auch. Vielleicht ist seine Familie auch in die USA gekommen. Vielleicht hat er als Einziger überlebt und ist alleine rübergekommen. Das könnte doch möglich sein, oder nicht? Andere haben das gemacht, sogar Kinder.

Nachdem mein Vater 1980 gestorben war, fand ich in seinen Papieren eine Notiz über ein Kibbuz in Israel, Givat Chaim Ichud. Sie hatten (und haben immer noch) ein Museum über Theresienstadt und auch Kopien der Akten aus Theresienstadt. Ich schrieb sie 1986 an und fragte, ob sie unseren Namen und den Namen der Familie von Hans in ihren Verzeichnissen hatten. Und so habe ich erst 1986 herausgefunden, dass Hans mit seiner Familie nach Auschwitz deportiert worden war und dass sie gleich nach ihrer Ankunft vergast worden waren. Nach 41 Jahren des

Hoffens war diese Nachricht für mich ein furchtbarer Schock, ein körperlicher Schock, als ob man mich mit einer schweren Stange in den Magen geschlagen hätte – obwohl ich die ganze Zeit von seinem Tod ausgegangen war. Aber Gewissheit und Annahme sind nun einmal zwei grundverschiedene Dinge. Wenn meine Eltern und ich vielleicht in der Lage gewesen wären, darüber zu sprechen, wäre die Wahrheit früher ans Licht gekommen und hätte mich nicht so hart getroffen. Wie auch immer, wir waren dazu nicht in der Lage gewesen, und meine Eltern hatten mir nur wieder und wieder gesagt:

„Du musst das jetzt alles vergessen. Es ist vorbei. Es liegt hinter uns. Du musst an die Zukunft denken. Du gehst einfach in die Schule und machst deine Hausaufgaben, das ist jetzt, was du zu tun hast. Du denkst an nichts anderes, denk nicht an die Vergangenheit, sprich nicht darüber. Die Zukunft ist wichtig."

Das Problem war, dass ich nicht verstand, was Zukunft sein sollte.

Wie kann ich nicht an das denken, was passiert ist? Kann ich mich selbst zwingen zu vergessen? Wie soll ich das machen? Die Gedanken kommen einfach so. Wie kann ich sie von mir fernhalten? Warum muss ich das? Eine Zukunft. Was ist eine Zukunft? Was bedeutet das? Warum ist das wichtig? Was mache ich in der Zukunft? Gibt es überhaupt eine Zukunft? Was, wenn die Nazis zurückkommen? Dann habe ich keine Zukunft, oder? Wie kannst du an der Zukunft arbeiten, wenn du noch nicht einmal weißt, was das ist? Wie kannst du an der Zukunft arbeiten, wenn du noch nicht einmal weißt, ob du eine haben wirst? Bedeutet Zukunft nächste Woche? Nächsten Monat? Nächstes Jahr? Wie kann ich so weit voraus denken?

Ich hatte gerade fünf Jahre damit verbracht, nur an den gleichen Tag zu denken, oder vielleicht, möglicherweise, an den nächsten Tag, aber ganz sicher nicht weiter voraus. Es ergab für mich keinen Sinn – aber ich konnte nicht nachfragen oder mit anderen Freunden darüber reden. Mein Freund Max, mit dem ich in der ersten und zweiten Klasse gewesen war und der eines Tages verschwunden war, blieb nach dem Krieg immer noch unsichtbar. Wieder nahm ich an, dass er nicht überlebt hatte. Ich hatte keine Ahnung, wohin er verschwunden war oder was aus ihm geworden war. Wieder kam die Wahrheit nach mehr als 40 Jahren heraus. Wieder war es ein Schock. Dieses Mal aber war es ein freudiger Schrecken. Am ersten Abend von Chanukka 1987 bekam ich einen Anruf, und es war Max! Es war eines der besten Chanukka-Geschenke, die ich jemals bekommen habe! Es stellte sich heraus, dass er und seine Eltern drei Jahre lang in einem Hühnerstall versteckt gewesen waren, zusammen mit zwei anderen Erwachsenen. Sie hatten den Krieg überlebt, allerdings war sein Vater kurz danach gestorben. 1946 emigrierten er und seine Mutter in die Vereinigten Staaten, und wenn jemand in meiner Familie das gewusst hätte, hätte es mir natürlich niemand erzählt. Und so sind wir seit 1987 wieder in Kontakt, haben uns gegenseitig besucht und sind, wieder oder immer noch, befreundet.

Zwischen den Themenwechseln und der Stille war es, als ob bestimmte Leute niemals existiert hätten. Und weil ich selbst auch schweigen musste, war es, als ob ich nicht existierte.

Gabriele im Alter von sieben im Dezember 1940 im zweiten Schuljahr.

Max im Alter von sieben im Dezember 1940 im zweiten Schuljahr.

Max und Gabriele etwa 1990 in Kalifornien, ungefähr 57 Jahre alt.

GRUNDSCHULE

Im August 1945 fing die Grundschule, die in Holland sechs Klassen hat, nach den Sommerferien wieder an. Ich hatte gedacht, dass meine Mutter mich an diesem ersten Tag dorthin bringen würde, aber das sollte nicht sein.

„Du bist alt genug, um allein hinzugehen. Geh einfach zur Schule, du weißt, wo sie ist. Wenn du dort ankommst, suchst du Mijnheer Zandvoort, Herrn Zandvoort. Er ist der Direktor und wird dich zu deiner Klasse bringen."

Ich war zu Tode erschrocken. Ich wusste, wo die Schule war, hatte aber Herrn Zandvoort nie getroffen oder auch nur gesehen. Wie sollte ich ihn finden?

Ich kann nicht einfach hingehen und ihn „finden". Wie soll ich das machen? Ich weiß noch nicht einmal, wo ich nach ihm fragen soll! Hat er ein Klassenzimmer? Wenn er keins hat, was mache ich dann? Die Schule hat zwei Gebäude, in welchem soll ich nach ihm suchen? Und was mache ich, wenn ich ihn gar nicht finde?

Aber ich musste gehen, also ging ich. Ich kannte nicht nur Herrn Zandvoort nicht. Ich hatte keine Bücher, kein Papier, keine Bleistifte und keinen Füller. Damals schrieben wir immer noch manchmal auf einer *Lei*, einer Schiefertafel. Um das zu tun, brauchtest du einen Griffel.

Diese Griffel wurden in einer *Griffeldoos* (Griffelkasten) aufbewahrt, einem besonderen Kästchen aus Holz, das meist einen bemalten Deckel hatte, den man aufschieben konnte. Es waren auch ein kleiner Schwamm und ein Tuch darin, um die Schiefertafel abzuwischen. Ich hatte keine Tafel, keinen Griffel und schon gar keinen Griffelkasten. Ich hatte nichts. Also hatte ich nicht nur Angst, ich schämte mich auch. Es war ein weiterer Makel an mir. Schließlich fand ich Herrn Zandvoort, indem ich den ersten Mann, den ich sah, fragte, ob er Herr Zandvoort war, und wer hätte das gedacht, er war es. Er brachte mich zu meinem Klassenzimmer und stellte mich meinem Lehrer vor. Mijnheer Hogedoorn, Herr Hogedoorn, wies mir einen Platz an, irgendwo in der Mitte einer Reihe, neben einem anderen Mädchen. Ich kannte natürlich niemanden in dieser Klasse. Die meisten von ihnen waren seit dem vierten Schuljahr als Klasse zusammengewesen. Also passte ich nicht hinein. Herr Hogedoorn schien mir sehr groß und sehr streng zu sein. Es gab Jungen in dieser Klasse, die sehr groß aussahen. Ich war zwölf Jahre alt, und ich wusste, ich hätte zumindest in der sechsten Klasse sein sollen, wenn nicht schon in der siebten. Aber diese Jungen sahen älter aus als ich. Ich fühlte mich sehr klein und sehr beschämt, nicht nur hatte ich nichts von dem, was man unbedingt brauchte, ich wusste auch nicht viel. Das letzte Schuljahr, das ich mitgemacht hatte, war das zweite gewesen. Ich hatte keine Ahnung, was mich erwartete oder was in den Schuljahren unterrichtet worden war, die ich verpasst hatte.

Warum guckt Herr Hogedoorn so streng? Und warum sind diese Jungen so alt? Sie gehören nicht wirklich in die fünfte Klasse. Ich gehöre auf jeden Fall nicht hierher. Ich weiß nichts, und sie werden mich auslachen, das weiß ich genau.

Tatsächlich waren die großen Jungen älter, sie waren wie ich in Konzentrationslagern gewesen oder aber in Verstecken und in Arbeitslagern. Sie hatten genauso viel Unterricht verpasst wie ich, nur wusste ich das noch nicht. Und was die Strenge von Herrn Hogedoorn angeht, die brauchte er sicherlich, um mit diesen Sechzehnjährigen fertig zu werden, die nicht in der gleichen Klasse sein wollten mit uns Babys und die nicht in eine höhere Klasse gehen konnten.

Manchmal kamen Dinge dran, von denen ich nie gehört habe, und wenn ich fragte, was das bedeutete, wurde meine schlimmste Befürchtung wahr, denn die anderen lachten über mich. Doch Herr Hogedoorn ließ ihnen das nicht durchgehen. Er schritt sofort ein und untersagte ihnen, andere auszulachen. Wir, die wir so weit zurück waren, könnten nichts dafür, und wir würden den Stoff schnell genug aufholen. Er brachte ihnen bei, nicht vorschnell zu urteilen und keine Vorbehalte zu haben. Was das Aufholen anging, so strengte ich mich sehr an, aber es war harte Arbeit, und ich hatte sowohl Probleme, mich zu konzentrieren, als auch, den Stoff zu lernen. Ich hatte auch Probleme zu verstehen, warum ich etwas lernen sollte, ich wusste nicht, wozu es gut war. Ich wusste nur, dass ich einmal mehr zu tun hatte, was man mir sagte. War das die Freiheit, über die alle sprachen?

Ich hatte auch Probleme, die anderen Kinder kennenzulernen. Ich wusste nicht, wie man das macht, ich hatte keine Ahnung, was ich sagen sollte oder wie man jemanden kennenlernte. Ich wusste nicht mehr, wie Spiele gehen. In den Lagern hatte ich vergessen, was „spielen" bedeutete, ich hatte keine Ahnung, was ich tun sollte. Also wurde ich schließlich so etwas wie eine Einzelgängerin. Meine besten Freunde waren Bücher, sie eröffneten mir eine andere Welt. Sie zeigten mir eine Welt, von der ich nie zuvor gehört hatte, nicht unbedingt eine reale Welt, aber zumindest eine Welt, die ich verstehen konnte und die mir real vorkam. Ich las, was auch immer ich in die Hände bekam. Einer der Autoren war Karl May, der, ohne jemals dort gewesen zu sein, über den Amerikanischen Westen schrieb, über die Indianer und ihre Beziehungen zu den Weißen. Es gab sympathische Charaktere, und es gab Tiere, schnelle Pferde zum Beispiel, und viele Abenteuer, und ich liebte das alles. Ich las eine Menge Märchen, Hans Christian Andersen, die Brüder Grimm und andere. Mein Vater brachte mir eine Menge Bücher über Entdecker mit: C. W. Ceram und andere über Archäologie, Bücher über medizinische Entdeckungen. Ich las alles, jedes Buch aus dem Regal meiner Eltern. Ich hatte die Erlaubnis, alles zu lesen, was ich wollte. Meine Eltern waren der Ansicht, dass ich, wenn ich in der Lage war, es zu verstehen, es genauso gut lesen konnte, und wenn ich etwas nicht verstand, dann würde es mir nicht schaden, denn ich würde wahrscheinlich die Seiten überspringen, die ich nicht verstand. Und so war es. Ich las etwas über den Völkermord an den Armeniern: „The Forty Days of the Musa Dagh", und, viel später, in der Oberschule, las ich Charles Dickens, Hemingway, Goethe, Schiller und verschiedene französische Autoren – das waren Schulaufgaben, aber ich liebte sie trotzdem. Also hatte ich keine Probleme mit dem Lesen. Während ich noch in der fünften oder sechsten Klasse gewesen war, hatten mir meine Eltern ein Buch über den Flughafen von Amsterdam geschenkt: Schiphol. Es war vor allem eine Beschreibung von verschiedenen Jobs und erklärte mir, wie Flugzeuge fliegen. Ich war fasziniert davon, und bei einer Gelegenheit erzählte ich meiner Mutter drei Stunden lang alles, was ich darüber gelernt hatte – und ohne Zweifel sehr viel mehr, als sie jemals über dieses Thema hatte wissen wollen.

Zweimal in meinem Leben sagte meine Mutter über ein bestimmtes Buch:
„Ich denke nicht, dass dich das interessiert."
Bis heute habe ich diese Bücher nicht gelesen.

Mein größtes Problem in der Schule war Arithmetik. Ich hatte kein Brüche und auch kein Prozentrechnen gelernt, ich wusste kaum, wie man dividiert und wie man subtrahiert. Bis heute, so viele Jahre später, habe ich das nicht nachgeholt, Subtrahieren fällt mir immer noch schwer, ich weiß immer noch nichts über Brüche und kenne mich mit Prozentrechnen nur sehr vage aus. Glücklicherweise haben wir heute Taschenrechner, die alle diese Dinge perfekt beherrschen! Mein zweites Problem in der Schule waren Kinder, die mich aufzogen. Ich hatte keine Ahnung, wie das gemeint war, und nahm alles ernst. Das führte dazu, dass ich in einige Kämpfe verwickelt war. Und dann waren da Kinder, die buchstäblich „falsche Eltern" hatten, wie man damals sagte, das heißt Eltern, die auf der Seite der Nazis gewesen waren und vielleicht dem N.S.B. angehört hatten, dem Nationaal Socialistische Bond, der holländischen Nazi-Partei. Oder wenn sie keine Parteimitglieder gewesen waren, dann zumindest Sympathisanten und vielleicht Helfershelfer. Diese Kinder nannten uns „dreckige Juden" oder etwas anderes in der Art. Wenn Herr Hogedoorn von anderen davon hörte (niemals von uns jüdischen Kindern), bestrafte er die anderen nicht nur, sondern sagte ihnen auch, warum sie so etwas nicht sagen sollten. Aber ich war auch in ein paar Schlägereien mit anderen Kindern verwickelt. Das Einzige, was mir einfiel, wenn sie mich beschimpften oder sich über mich lustig machten, war, ihnen eine Ohrfeige zu geben. Unnötig zu sagen, dass sie sich das nicht gefallen ließen, und so kam es zu den Raufereien.

Außerhalb der Schule war ich meist allein. Ich blieb für mich, das war das Einfachste. Ich konnte nicht über die jüngste Vergangenheit reden, niemand wollte hören, was ich dachte, und die wenigen Male, wenn jemand darüber sprach und ich etwas sagte, bekam ich zu hören:

„Oh, du warst doch noch ein Kind, das kannst du unmöglich wissen. Du warst bloß ein Kind, du kannst nicht gelitten haben. Du warst bloß ein Kind, du hast das nicht verstanden." Oder sogar: *„Das kann nicht stimmen, du bist bloß ein Kind, du kannst dich unmöglich daran erinnern."*

Ich lernte sehr schnell, meinen Mund zu halten. Auf diese Weise verlor ich mich selbst, ich packte die Vergangenheit in eine Schublade, schloss sie ab, und dann warf ich den Schlüssel weg. Auf der Fahrt mit dem Viehwaggon von Amsterdam nach Westerbork war ich geradezu „taub" geworden. Ich fühlte nichts mehr, sorgte mich nicht mehr, weinte nicht mehr. Ich hatte keine Tränen. Dieses Taubheitsgefühl begleitete mich nach dem Krieg und noch für viele, viele Jahre. Es brachte mit sich, dass ich keine Freude empfand, aber auch keinen Schmerz. Ich hielt die Erinnerungen in Schach, sodass sie nicht hervorkommen und mich beunruhigen oder ängstigen konnten. Ich empfand keine Angst. Das war praktisch, als ich damals in die Schule zurückkehrte, wenn ich eine Antwort nicht wusste oder wenn ich wieder einmal nicht verstanden hatte, worüber Mijnheer Hogedoorn sprach, oder wenn ich wieder einmal nicht sehen konnte, wo eine bestimmte Stadt auf der Karte war, oder wenn mich andere wieder einmal beschimpften. Ich kämpfte, ja, aber nicht, weil es mir damit schlecht ging. Ich empfand nichts dabei, ich wusste nur, dass es ihnen nicht erlaubt sein sollte, solche Sachen zu sagen. Nur weil ich nicht in der Lage war, etwas zu empfinden, hieß das noch nicht, dass sie tun oder sagen durften, was sie wollten. Ich fühlte nichts. In meiner Vorstellung existierte ich nicht. Wie kannst du existieren, wenn du nichts fühlst? Existierst du wirklich, wenn du nichts sagst? Wenn du still sein musst, existierst du dann wirklich?

Zwei andere Dinge ereigneten sich damals, die mich sehr störten: Meine Mutter brachte mich zu einem Zahnarzt, und ich musste Spangen tragen wegen meines Überbisses. Damals sahen sie nicht so aus wie heute: Die eine Hälfte passte genau in meinen Gaumendeckel, und die andere war der Draht, der vor meine Zähne kam. Die größere Hälfte bestand aus zwei Teilen, die mit einer kleinen Schraube verbunden waren. Der Draht wurde fester gezogen oder gelockert, je nachdem, wie man die Schraube drehte, um die beiden Hälften näher zusammen zu führen oder den Abstand zu vergrößern. Die Zahnspangen zu tragen, war nicht nur schmerzhaft, sie ließen mich auch lispeln. Ich hasste sie vom ersten Tag an. Unglücklicherweise musste ich sie tragen, bis ich etwa neunzehn Jahre alt war, eine sehr lange Zeit, besonders für ein Kind, das ohnehin schon dachte, es sei hässlich. Die andere Sache ereignete sich, als wir immer noch bei Carlas Familie wohnten. Vor langer Zeit habe ich die folgende Geschichte darüber geschrieben:

ENTDECKUNG

Der Lehrer stand mit seinem langen, hölzernen Zeigestock vor der Tafel: „Was für ein Fluss ist das, Pom?" Wie gewöhnlich wusste Pom die Antwort, und der Lehrer lächelte und fragte den nächsten Schüler: „Was ist die Hauptinsel von Zeeland, Nicholas?" Der Junge zögerte, dann beantwortete er die Frage. Der Lehrer zeigte auf Städte, Flüsse, Provinzen, und die Schüler sagten deren Namen. Eine typische Erdkundestunde in der fünften Klasse. Ich hatte mich gut darauf vorbereitet. Stundenlang hatte ich über meinem Schulatlas gesessen, hatte mir die Schreibweise der unbekannten Namen gemerkt, versucht, die kleinen roten Punkte zu lokalisieren, die Städte waren. Für die meisten anderen Schüler war das eine Wiederholung, aber ich hatte die dritte und vierte Klasse verpasst wegen des Krieges, und Erdkunde war, genau wie vieles andere, neu für mich.

Die große Karte von Holland, die vorne in unserem Klassenzimmer hing, schien nichts darzustellen. Dicke schwarze Linien, dünne schwarze Linien, rote Vierecke, rote Punkte und blaue Formen – was bedeutete das alles? Wenn ich in der Nähe der Karte stand, geriet alles aus den Proportionen, und wenn ich auf meinem Platz war, zeigte die Karte Formen, die in keiner Weise den Seiten in meinem Atlas ähnelten. Mein Schulatlas hatte eine Karte für jede Provinz, aber die große Karte zeigte das ganze Land. Städte, die in meinem Atlas weit voneinander entfernt waren, lagen nah beieinander auf dieser großen Karte. Wann auch immer der Lehrer mich etwas fragte, musste ich lange überlegen, um zu entscheiden, dass diese Stadt wohl in dieser oder jener Provinz war und daher Eindhoven sein musste. Schließlich gab ich die falsche Antwort. Es sollte nicht lange dauern, bis Erdkunde für mich zur Tortur wurde. Ich lernte noch mehr, mein Vater zeigte mir die Orte auf der „blinden" Karte – der Karte ohne Namen – und ich zeigte ihm, wo sich Städte, Flüsse und Gebiete befanden. Aber wenn sich der Zeigestab, wie eine Verlängerung des Lehrerfingers, von einem Punkt zum nächsten bewegte, konnte ich nichts damit verbinden und musste still dasitzen. Innerlich weinte ich.

Eines Tages zeigte der Lehrer wieder auf eine Stadt und fragte mich nach dem Namen, und wie immer nannte ich den falschen. Aber diesmal sagte der Lehrer: „Nein, das stimmt nicht, das ist in Limburg, nicht in Brabant." Ich war überrascht, denn es gab keine Trennung zwischen den Provinzen. Auf meinem Nachhauseweg an diesem Tag bewunderte ich die Bäume in der Straße mit ihren massiven grünen Kronen und fragte mich, warum diese schweren Kronen die Bäume nicht nach unten zogen. Jemand kam zu mir, sagte hallo und fragte, ob ich nicht gesehen hatte, dass er mir gewinkt habe. Er gab mir zwar keine Gelegenheit zu antworten, aber er sagte mir, ich solle meine Eltern von ihm grüßen.

Zu Hause sprach ich mit Carla, meiner Kindheitsfreundin, die schon vor dem Krieg in der Wohnung über uns wohnte, über meine Erdkundeprobleme. Damals wohnte meine Familie bei ihrer Familie, denn als wir aus dem Konzentrationslager kamen, hatten wir keinen anderen Ort, an den wir gehen konnten. Für sieben Leute war die kleine Wohnung ziemlich überfüllt, aber für mich war es fast, als hätte ich zwei Schwestern: Carla, und das ältere Mädchen, Willy. Keine von beiden hatte jedenfalls einen Rat, wie ich mein Problem lösen konnte, also seufzte ich und lernte noch etwas mehr, auch wenn es nichts brachte.

Eines Sonntags spielte Carla Klavier, während Willy und ich in der Nähe standen und ihr zusahen. Im Wohnzimmer, das mit dem Esszimmer verbunden war, in dem das Klavier stand, saßen die vier Erwachsenen, tranken Tee und diskutierten über irgendetwas. Plötzlich rief uns mein Vater, hielt etwas hoch und fragte: „Wollt ihr das?" Ich sah ihn an und fragte zurück: „Was ist das?" Er wiederholte einfach nur seine Frage: „Willst du das?" Also sagte ich wieder: „Was ist das?" „Willst du es?" „Was ist das?"

Meinem Vater muss klar geworden sein, dass es mir ernst war. Er stand auf und kam auf mich zu, mit diesem Ding, und fragte mich noch einmal, ob ich es haben wollte. Inzwischen hatte er das ganze Wohnzimmer durchquert, und ich sah, was er in der Hand hielt. Es war einer von den quadratischen, trockenen Keksen, die wir zum Tee hatten, wann immer unsere Lebensmittelkarten solchen Luxus erlaubten.

Zwei Tage später gingen meine Mutter und ich in eine Arztpraxis, wo ich mir Sachen ansehen musste. Sobald der Arzt zu seinem Zeigestab griff, bekam ich es mit der Angst. Er deutete auf eine Fläche und fragte mich: *„Ist das erste Zeichen ein Dreieck oder ein Kreis?" „Wo ist das Zeichen?"*, fragte ich zurück. Er antwortete nicht, sondern sagte: *„Guck dir die Karte an und sag mir den Namen des ersten Buchstabens, den du siehst." „Welche Karte?"* war meine Antwort. Er schüttelte nur den Kopf und hielt mir irgendeine Konstruktion vor die Augen, setzte Linsen hinein, und, nach und nach, war da eine Karte! Dieses Mal las ich den ersten Buchstaben, ohne zu zögern. Ein paar Wochen später besaß ich meine erste Brille und entdeckte die Welt. Ich fand heraus, warum die Kronen der Bäume nicht die Bäume nach unten zogen – sie waren nicht massiv! Sie hatten Blätter, tausende davon, und zwischen den Blättern, fand ich heraus, waren Vögel, die in den Ästen herumhüpften. Freunde meiner Eltern fragten mich nicht länger, ob ich nicht gesehen hatte, wie sie mir winkten, und es stellte sich heraus, dass die Schatten auf der anderen Seite der Straße gar keine Schatten waren, sondern Menschen, genau wie ich. Die kleinen Tupfen, über die ich mich so oft gewundert hatte, identifizierte ich als Hunde, und es stellte sich heraus, dass der farbige Teppich auf der Straße eine Blumenwiese war. Sogar die große Karte vorne im Klassenzimmer war versehen mit Provinzen und schwarzen Linien dazwischen. Und die blauen Formen, entdeckte ich, waren Seen. Jeden Morgen setzte ich meine runde, metallgerahmte Brille auf, und jeden Tag neckten mich meine Freunde, dass ich wie eine Eule aussah. Aber plötzlich machte Fahrradfahren Spaß, und sogar Spazierengehen, denn jetzt konnte ich mir alles angucken und es wirklich genießen, denn plötzlich konnte ich sehen.

Ich trug meine Brille, ja, und ich konnte sehen, ja, aber ich hasste sie fast so sehr wie die Spange, denn ich fand, sie sahen hässlich aus und ließen mich hässlich aussehen, und nicht sehen zu können, war ein weiterer Makel, den ich hatte. Die Brille hatte aber einen Vorteil. Mit ihr konnte ich die Welt um mich herum sehen, wie sie wirklich war, nicht so, wie ich gedacht hatte, dass sie war.

GUTES BENEHMEN

Einige Leute nahmen sich meiner an und brachten mir Manieren bei. Das waren natürlich Manieren, die man mir schon einmal beigebracht hatte, vor dem Krieg, die ich aber in den Lagern vergessen hatte. Das Leben in einem Konzentrationslager fördert keine guten Manieren! Ich habe noch eine Erinnerung an einen Tag, kurz nachdem die Grundschule begonnen hatte. Carla war mir inzwischen zwei Jahre voraus und besuchte also die siebte Klasse. Sie brauchte etwas für die Schule, und ich brauchte etwas Tinte, wahrscheinlich auch für die Schule oder zumindest für die Hausaufgaben. Also gingen wir zusammen zu dem Schreibwarenladen um die Ecke, der De Roode hieß, und sie kaufte, was auch immer sie brauchte. Dann war ich an der Reihe. Ich sah den Verkäufer an und sagte: *„Eine Flasche Tinte."* Er gab sie mir, ich zahlte, und wir gingen. Auf dem Nachhauseweg sagte Carla zu mir: *„Du weißt, du hättest sagen sollen: Eine Flasche Tinte, bitte. Oder vielleicht: Kann ich eine Flasche Tinte haben? Und danach hättest du sagen sollen: Danke."*

Carla war fast zwölf damals. Ich war schon zwölf. Ich erinnere mich nicht, was ich geantwortet habe, aber ich bin ihr mein Leben lang dankbar für diese Lektion gewesen. Ich erinnere mich auch, dass ich nie wieder in einen Laden gegangen bin, ohne „bitte" und „danke" zu sagen. Aber an dem Tag damals war ich wieder beschämt und dachte, nicht „bitte" oder „danke" zu sagen und nicht freundlich zu fragen, sei ein weiterer Makel, den ich hatte. Es kam mir so vor, als ob es immer schlimmer mit mir würde.

Meine Mutter brachte mir natürlich bei, wie man sich im alltäglichen Leben benimmt, wann man „bitte" und „danke" sagt, wann man etwas fragt, wie man etwas fragt, wann man still zu sein hat. Sie lehrte mich noch einmal, freundlich zu antworten, wenn Erwachsene mit mir redeten. Sie erklärte mir noch einmal, wie man in Holland sagt, in zwei Worten zu sprechen, also sollte ich nicht nur „ja" oder „nein" sagen, sondern stattdessen „danke, Frau Trap" oder „nein, Herr Groen". Sie brachte mir wieder die höfliche Form bei, anstelle der vertraulichen Ausdrucksweise. Die holländische Sprache kennt beides, und die falsche Form zu benutzen kann beleidigend wirken, sogar sehr beleidigend. Mir war das alles vor dem Krieg völlig klar gewesen, aber in den ersten drei Kriegsjahren und später, in den Konzentrationslagern, hatte ich das alles verlernt. Wenn man überleben wollte, waren diese Regeln wertlos, also vergaßen wir Kinder sie wieder. Wir wurden kleine Wilde, denen man all das erst wieder beibringen musste. In den Lagern sagte niemand „bitte" oder „danke", niemand sagte „ja, Herr soundso" oder „nein, Frau soundso", die Leute schubsten mich zumindest aus dem Weg. Weil ich die meiste Zeit mit den anderen Kindern zusammen war, hatte ich keine Verwendung für Höflichkeitsfloskeln. Alles, was nichts mit dem Überleben zu tun hatte, wich aus unserem Bewusstsein, wenigstens aus meinem. Nun musste ich das alles wieder von vorne lernen. Und ich musste mir einiges abgewöhnen, unter anderem das Stehlen. Wenn ich im Lager etwas zu essen gesehen hatte, auf das niemand aufpasste, hatte ich es gestohlen und aufgegessen. Sobald ich es gegessen hatte, konnte es mir keiner stehlen. Es bedeutete, einen Tag mehr am Leben zu sein. Jetzt, nach dem Krieg, nachdem wir nach Amsterdam zurückgekehrt waren, musste ich solche Gewohnheiten ablegen und mich ändern. Es war nicht länger in Ordnung, Essen zu stehlen oder etwas aus der Küche zu nehmen, ohne zu fragen, und zwar höflich zu fragen. Es war nicht länger in Ordnung, irgendetwas zu nehmen, ohne zu fragen, und zwar höflich zu fragen.

Meine Mutter lehrte mich auch, mich über nichts zu beschweren. Stattdessen sollte ich einfach lächeln, ein freundliches Gesicht machen. Andere Leute interessierten sich nicht für meinen kleinen Kummer oder meine Beschwerden, und es war unhöflich, solche Dinge auch nur zu erwähnen. Sie brachte mir auch zum zweiten Mal Tischmanieren bei. Vor dem Krieg war es meine Groß-mutter gewesen, die mich, nachdem sie bei uns einge-zogen war, gelehrt hatte, welche Gabeln und welche Messer ich benutzen sollte, und wie man mit dem großen Besteck umgeht. Beim Mittagessen nahmen wir das kleinere Silberbesteck und beim Abendessen das große. Bis dahin hatten mir meine Eltern erlaubt, auch beim Abendessen die kleinen Bestecke zu nehmen, weil ich klein für mein Alter war und also auch kleine Hände hatte. Meine Großmutter wollte das auf keinen Fall dulden und brachte mir bei, mit den größeren Bestecken zu essen. Nach dem Krieg musste meine Mutter mir noch einmal zeigen, wie das geht, weil ich es vergessen hatte. Und so wie ein Konzentrationslager kein Ort war für gutes Benehmen, war es auch kein Ort für das „richtige" Tafelbesteck. Wir waren froh, wenn wir überhaupt eine Gabel oder einen Löffel hatten. Meine Mutter brachte mir auch bei, den Tisch zu decken. Zugegeben, ich konnte nicht sehr viel gleichzeitig tragen, aber ich konnte ein paar Mal zwischen der Küche und dem Esszimmer hin und her gehen, um die Teller zum Tisch zu bringen und dann auch die Messer, Gabeln und Löffel. Und das tat ich auch. Sie auf den Tisch zu legen, war kein Problem, aber ich musste auch lernen, wohin sie gehörten.

Und dann gab es das Problem, was ich sagen sollte, wenn ich jemanden zum ersten Mal traf oder jemanden, den ich schon kannte. Ich musste diese Leute grüßen und sie fragen, wie es ihnen und ihren Ehemännern oder Ehefrauen ging, wenn sie welche hatten, und natürlich sollte ich nach ihren Kindern fragen, wenn sie Kinder hatten. Genau wie ich die Freunde meiner Eltern mit Informationen versorgte, damit sie nicht nach meinen Eltern fragen mussten, gaben sie uns auch Auskünfte. Eine Frau würde zum Beispiel zu meiner Mutter sagen: *„Mein Mann muss unbedingt mit Ihrem Mann reden. Wann wird er zu Hause sein?"* Das setzte natürlich voraus, dass die Dame, die fragte, schon wusste, dass mein Vater aus den Lagern zurückgekehrt war. Oder wenn eine andere Frau meine Mutter und mich zusammen sah, würde sie mich vielleicht einladen, zu ihr zu kommen und mit ihren Kindern zu spielen, und auf diese Weise ließ sie uns wissen, dass ihre Kinder am Leben und gesund waren. Wenn sie nicht gesund gewesen wären, könnten sie nicht spielen. Also waren Gespräche eher umständlich. Es war tatsächlich so etwas wie ein Code.

Meine Eltern, und besonders meine Mutter, bestanden darauf, dass ich wieder lernte, mich gut zu benehmen. Später, sehr viel später, als wir wieder ein Telefon hatten, wurde mir beigebracht, wie ich mich zu melden hatte und was ich sagen sollte, wenn ich einen Anruf machte. Wenn ich ans Telefon ging, hatte ich mich nicht mit unserem Familiennamen zu melden, sondern mit dem Namen der Firma. Mein Vater hatte sein Büro zu Hause, und die meisten Anrufe waren also geschäftlich. Wenn ich selbst einen Anruf machte, hatte ich die Person am anderen Ende der Leitung zu grüßen und dann darum zu bitten, wen auch immer sprechen zu dürfen. In jedem Fall hatte ich höflich zu sein.

Ich war inzwischen im Teenageralter und hatte etwas gegen die alte Leier, wie es mir schien, von den Manieren. Ich hatte nicht wirklich eine rebellische Phase als solche, das sollte erst sehr viel später kommen, aber ich hatte etwas dagegen, mir Vorschriften machen zu lassen. Aber andererseits hatte ich in diesem Alter gegen viele Dinge etwas, vor allem gegen Autorität. Noch sagte ich nichts dazu, sondern nahm schweigend übel. So viel ich verstand, hatten meine Eltern genug Probleme gehabt und hatten noch immer welche, und brauchten nicht noch zusätzliche von mir. Ich war entschlossen, ihnen keine Sorgen zu machen. Meine wirkliche rebellische Zeit begann erst, als ich zwanzig und älter war. Selbst dann war es nur eine kleine Rebellion.

Als ich ungefähr achtzehn war, begannen meine Eltern endlich damit, mir beizubringen, wie ich mich benehmen sollte, wenn wir zum Essen in ein Restaurant gingen. Tatsächlich waren bis dahin nicht viele Restaurants in Amsterdam offen. Sobald wir ein bisschen Geld hatten, gingen meine Eltern in die, die geöffnet hatten, und sie hatten mich immer mitgenommen. Aber im Alter von siebzehn oder achtzehn erhielt ich echten Unterricht in Benehmen, wenn wir zum Essen ausgingen. Das schloss das Lesen der Speisekarte mit ein, höflich zu den Kellnern zu sein, welchen Wein man zu welchem Essen wählt und aus welchem Glas man ihn trinkt. Ich muss sagen, dass ich das nicht beibehalten habe. Die Zeiten haben sich sehr geändert, und es geht heute sehr viel weniger formal zu als damals.

Warum war all das so wichtig? Nun, wenn ich wusste, wie ich mich zu benehmen hatte, würde ich keine Aufmerksamkeit auf mich ziehen. Als Jude Aufmerksamkeit zu erregen, war für meine Eltern und besonders für meinen Vater, das Schlimmste, was passieren konnte. Aufmerksamkeit zu erregen, bedeutete aufzufallen, und die Leute bemerken dich. Nach dem Krieg und nach den Lagern, war aufzufallen das Letzte, was jemand wollte. Also zogen wir uns konservativ an, wir wussten uns zu benehmen, wir versuchten mit allen Mitteln dazuzugehören. Das Problem war, dass wir niemals wirklich dazupassten, zumindest kam es mir so vor. Trotz der guten Manieren und allem, was dazu gehörte, war ich nicht wie alle anderen Jugendlichen. Zugegeben, ich war launenhaft und abwechselnd glücklich und mürrisch, wie Teenager eben sind. Aber ich war nicht sorglos – ob das nun eine Haltung war, die ich annahm, oder echt. Ich schwatzte nicht am Telefon, ich kicherte nicht und lachte tatsächlich selten. Meine Eltern waren sehr introvertiert, und ich nehme an, ich ahmte sie bis zu einem gewissen Grad nach. Hauptsächlich aber wurde ich wegen der „Taubheit" auch so. Ich erinnere mich nicht daran, wie meine Eltern vor dem Krieg waren, aber nach dem, was ihre Cousins und Cousinen mir erzählt haben, war meine Mutter lebenslustig gewesen und gerne ausgegangen, hatte gerne getanzt und gelacht. Mein Vater hatte auch gern seinen Spaß, aber er war introvertierter als meine Mutter. Nach dem Krieg hat meine Mutter niemals mehr laut gelacht, sie lächelte nur gelegentlich. Die beiden waren nach dem Krieg sehr viel mehr in sich gekehrt als zuvor. Keiner von uns sprach über das, was geschehen war, und so wurde das alles einfach versteckt, in unserem Bewusstsein, unseren Seelen, verborgen. Es wurde weggeschoben in der Hoffnung, dass es nie wieder herauskommen würde. Ich weiß nicht, wie meine Eltern schließlich damit umgegangen sind, sie sprachen nie mit mir über irgendwas, das mit dem Krieg und den Lagern zu tun hatte, und ich wusste nur zu gut, dass ich keine Fragen stellen sollte. Das habe ich beibehalten. Ich stelle immer noch keine Fragen, selbst wenn ich Menschen ziemlich gut kenne.

DÄNEMARK

Als ich noch in der fünften Klasse war, im Herbst 1945, kam eine Einladung von meinem Onkel aus Dänemark. Seit kurzem gingen Transporte mit holländischen Kindern nach Dänemark, auf Einladung der Dänen. Wir Kinder waren so ausgezehrt, dass wir wie alte Leute aussahen, Haut und Knochen, Falten und große Augen. Die Dänen hatten holländische Kinder eingeladen, nach Dänemark zu kommen und von einer dänischen Gastfamilie für drei Monate aufgenommen zu werden, um was auf die Rippen zu bekommen. In anderen Worten: Wir fuhren hin, um gemästet zu werden. Mein Onkel Hans hatte mich eingeladen. Eigentlich war er nicht mein Onkel, er war ein Cousin meines Vaters, seine Mutter war eine Schwester meiner Großmutter väterlicherseits. Er war wenige Jahre älter als mein Vater, und mir war gesagt worden, ich solle ihn Onkel Hans nennen. Er hatte vor dem Krieg eine Dänin geheiratet und war nach Dänemark gezogen, um bei ihr zu leben. Sie hatten einen Sohn, aber nach ein paar Jahren ließen sie sich scheiden. Mein Onkel blieb trotzdem in Dänemark. Als die Nazis im Krieg auch dort anfingen, die Juden in Konzentrationslager zu schaffen, wie sie es in anderen Ländern taten, wurde die jüdische Bevölkerung gewarnt. Ihnen allen wurde gesagt, sie sollten sich an die Küste begeben. Das taten sie, und dänische Fischer und andere Bootsbesitzer brachten sie ins neutrale Schweden. Schweden nahm sie auf, und sie konnten dort bleiben, bis der Krieg vorbei war. Von den etwa 8000 dänischen Juden sind nur etwa 480, die die Warnung nicht rechtzeitig erhalten hatten, nach Theresienstadt gebracht worden. Etwa 50 starben dort, die anderen wurden vom Schwedischen Roten Kreuz in den letzten Kriegstagen nach Hause gebracht.

Als ich das erste Mal von Onkel Hans hörte, war er schon einige Zeit geschieden und hatte eine zweite Ehefrau. Ich sollte bei ihm und seiner Frau wohnen. Sie lebten in Charlottenlund, einem Vorort von Kopenhagen, und sie hatten ein großes Haus. Oder zumindest erschien es mir groß. Ich kannte meinen Onkel nicht und keinen aus seiner Familie. Die Einladung machte mir Angst, ich wollte nicht von meinen Eltern getrennt werden, und ich wollte unsere Wohnung nicht verlassen. Ich wollte Amsterdam nicht schon wieder verlassen. Ich wollte Holland nicht verlassen und auch nicht meine Schule, die mir jetzt vertraut war und wo ich zumindest den Lehrer und meine Klassenkameraden kannte. Ich wollte keine drei Monate verpassen, nach allem, was ich bereits versäumt hatte. Ich hatte noch nicht so weit aufgeholt, wie ich sollte. Drei Monate schienen eine sehr lange Zeit zu sein, um wegzugehen, zu einer Familie, von der ich noch nie gehört hatte und die ich nicht kannte. Aber all mein Bitteln und Betteln half nichts, ich wurde nicht gefragt, ob ich gehen wollte. Meine Eltern sagten, ich müsse gehen, also wurden die Vorbereitungen getroffen, und ich ging. Im Jahr 2001 habe ich ein Gedicht über diese nicht sehr gute Erfahrung geschrieben. Ich zitiere es hier.

DÄNEMARK

Wir sind aufgetaucht, meine Eltern und ich,
halb verhungert, abgemagert, schwach,
aber am Leben und zusammen,
aus den Konzentrationslagern
im Juni neunzehnhundertfünfundvierzig.

Der August kam,
und die Schule begann.
Ich wurde in die fünfte Klasse gesteckt,
obwohl ich die dritte und vierte
verpasst hatte.
Aber... im Alter von zwölf
war ich zu alt
für die dritte Klasse.

Bedauerlicherweise
verstand ich nicht
viel von dem, was wir lernten.
Ich war eine Außenseiterin
und deshalb unglücklich.

Im Oktober oder November
kam ein Brief
von meinem Onkel aus Dänemark.
Er lud mich ein,
drei Monate
bei ihm zu wohnen.
Ich wollte nicht gehen,
hatte nicht vor,
meine Eltern zu verlassen,
Trennung war,
nach meiner Erfahrung,

zu oft von Dauer gewesen.

Ich kam auf einen
der vielen Kindertransporte,
die damals von Holland
nach Dänemark gingen,
wo wir Kinder
uns würden satt essen können
und an Gewicht zunehmen.

Ich bin in einem Zug,
eine Karte an einer Schnur
um meinen Hals
mit meinem Namen
und anderen Details.
Da sind viele andere Kinder,
die meisten weinen,
rufen nach ihren Müttern.
Die Erwachsenen,
die uns begleiten,
wissen nicht recht,
was sie mit uns anfangen sollen.

Wir sind zu dünn,
unsere Kleider sind schäbig
und passen uns nicht gut,
wir wollen das Essen nicht essen,
das man uns vorsetzt,
wir wollen unsere Mami.
Ich bin still,
weine nicht,
lache nicht,
spreche nicht,
passe wieder nicht dazu

und bin deshalb
unglücklich.

Jemand gibt uns
ein Heft mit dänischen Sätzen.
Niemand weiß,
wie man diese Worte ausspricht,
also benutzen wir die
holländische Aussprache.
Als der Zug endlich ankommt,
können uns unsere Gastfamilien
nicht verstehen,
und wir sie auch nicht,
und wir wissen nicht,
was als Nächstes geschehen wird.

Ich gehe mit meinem Onkel
zu ihm nach Hause,
zu jemandem, den ich nie zuvor
getroffen habe,
der aber Deutsch spricht wie ich,
also verstehen wir einander.
Seine Frau ist Dänin
und spricht nur Dänisch.
Ich kann mich mit ihr
nicht unterhalten,
ich spüre, dass ich nicht hierher gehöre,
dass ich nicht dazupasse.
Ich bin unglücklich.
Ich werde in die Schule geschickt,
in eine dänische Schule natürlich,
und wieder begreife ich nicht,
was ich lernen soll.
Ich gehöre nicht hierher.

Ich bin, wieder, eine Außenseiterin,
und deshalb unglücklich.
Mein Onkel, der nett ist
und es gut meint,
hat keine Ahnung, was er tun soll
mit einem schwer beschädigten Kind.
Ich bin die meiste Zeit still.
Er kann nicht verstehen,
warum ich nicht spreche,
so wie andere Kinder.

Jeden Sonntag
gehen wir im Wald spazieren:
mein Onkel, meine Tante,
der Hund und ich.
Ich renne nicht,
spiele nicht mit dem Hund
und spreche auch mit ihm nicht.

Ich gehe ruhig
an der Seite meines Onkels und meiner Tante,
weil ich nicht weiß,
was ich sonst tun soll:
Ich weiß nicht,
ob ich herumrennen darf,
und, wenn ich das nicht darf,
was wird dann passieren?

Zu Weihnachten schenken sie mir
in diesem Jahr
eine Papierpuppe
mit Papierkleidern,
die man ausschneidet
und ihr anzieht.
Ich habe keine Ahnung,

was ich mit dieser Puppe
und ihren Kleidern tun soll.
Meine Tante muss es mir zeigen.
Ich spreche nicht mit der Puppe.
Mein Onkel fragt mich:
„Warum redest du nicht mit ihr?"

Ich sehe ihn nur an.
Woher soll ich wissen,
was ich sagen soll?
Ihm ist nicht klar,
dass ich nicht mehr weiß,
wie man spielt,
dass ich nicht verstehe,
was mein Onkel meint.

Nach drei Monaten
fahre ich wieder heim.
Dieser Besuch war kein Erfolg:
Ich habe nicht zugenommen,
sehr wenig Dänisch gelernt
und auch sonst wenig
in der dänischen Schule.

Was ich gelernt habe, ist,
dass ich daheim bleiben will,
bei meinen Eltern,
in Holland,
wo ich hingehöre,
auch wenn ich
die Antworten
in meiner fünften Klasse
nicht kenne.
Aber hier,
bei meinen Leuten,

gehöre ich noch am ehesten dazu.
Vielleicht bin ich nicht
vollkommen glücklich,
aber ich bin nicht länger
so unglücklich.

Mein Onkel war genau wie meine Eltern erzogen worden, also wusste er, dass er jüdisch war, praktizierte aber das Judentum nicht. Wie meine Eltern versuchte er, sich anzupassen, wie bei anderen Dingen, und das bedeutete, einen Tannenbaum zu haben und Weihnachten in gewissem Sinne zu feiern, wenn auch nur, indem sie Geschenke verteilten. Zu Hause hatten wir auch einen Tannenbaum und eine Bescherung, aber meine Mutter zündete auch die Kerzen in der Chanukkia an oder, wie sie auch genannt wird, der Chanukka-Menora. Es ist ein achtarmiger Leuchter, in den Kerzen gesteckt werden. Es gibt auch eine einzelne Kerze, ein wenig an der Seite oder etwas höher angebracht. Diese letzte Kerze wird die Schamasch oder „Diener" (wörtlich: der, der dient) genannt, und die anderen Lichter werden damit angezündet, niemals mit einem Streichholz. Aber an Chanukka schenken sich die Leute auch etwas, also gab es für mich damals keinen Unterschied zwischen den beiden Festen. Ich hatte über keines von beiden etwas gelernt. Meine Eltern waren schließlich assimiliert und hatten mir nicht erklärt, was es mit Chanukka auf sich hatte. Und zum anderen bezweifle ich, dass sie sehr viel über Weihnachten wussten.

Mein Onkel Hans schickte mich auf eine der örtlichen Schulen, wo ich zunächst einmal vor allem mit der Sprache Probleme hatte. Selbstverständlich sprach ich kein Dänisch und ebenso selbstverständlich wurde auf Dänisch unterrichtet. In der Schule waren die meisten Kinder selbstverständlich Dänen, aber es gab auch drei holländische Jungs, die auch auf einem dieser Kindertransporte gewesen waren. Der Älteste hieß Henk. Er hatte rotes Haar. Der Mittlere hieß Karel. Er hatte dunkles Haar. Der Jüngste war in meinem Alter, zwölf, und hieß Jo. Jo und ich hatten von Anfang an Schwierigkeiten miteinander. Er war wie ich, ein vom Krieg verwildertes Kind, und keiner von uns beiden wollte sich von dem anderen etwas gefallen lassen. Im Allgemeinen schlugen wir uns nicht, außer an dem Tag, als Jo sich entschied, mir sein neues Messer zu zeigen. Das tat er, indem er mir über die Hand schnitt, woraufhin ich ihm eine Ohrfeige gab. Im Nu rollten wir über den Boden und kämpften miteinander, bis der Lehrer kam und uns beide hinausbeförderte. Ich erinnere mich nicht mehr, ob einer von uns oder ob wir beide bestraft worden sind. Henk muss damals ungefähr fünfzehn gewesen sein und übernahm mehr oder weniger die Verantwortung für uns. Was er für Karel und Jo tat, weiß ich nicht, aber mir hat er geholfen, den Lehrer zu verstehen, er erklärte mir, was ich nicht verstanden hatte, redete mit mir über Holland und seine Familie, und wir freundeten uns an, obwohl er fünfzehn war und ich nur zwölf. Lange nachdem wir nach Holland zurückgekehrt waren, hielten wir Briefkontakt – er lebte in Utrecht – und gelegentlich besuchten wir einander. Ich muss ungefähr siebzehn gewesen sein, als Henk wieder einmal in Amsterdam war. Bei der Gelegenheit fragte er mich vorher in einem Brief, ob ich mit ihm ausgehen würde, ins Kino. Ich hatte ja gesagt, aber als er ankam und es Abend wurde, bekam ich es mit der Angst.

Was soll ich sagen? Wie soll ich mich benehmen? Was, wenn er meine Hand halten will? Oder wenn meine Freundinnen uns sehen? Was werden sie denken? Was denke ich? Ich habe Angst. Ich bin noch nie mit einem

Jungen im Kino gewesen. Vielleicht will er mich küssen. Sollte ich ihm das erlauben? Was würde passieren, wenn ich das mache? Nein, ich kann das nicht machen, es wäre schrecklich! Es ist furchtbar – ich weiß nicht, was ich tun soll.

Am Ende ging ich natürlich mit ihm ins Kino, und wie es sich herausstellte, waren wir immer noch nur Freunde, er hielt weder meine Hand noch küsste er mich, und alles war gut. Nach dem Film brachte er mich heim, und wir trennten uns, wie wir uns getroffen hatten, Freunde, aber nicht Freund und Freundin.

Mein Onkel und ich hatten auch ein paar Probleme miteinander. Er verstand Kinder nicht wirklich, wusste nicht, wie er mit ihnen reden oder mit ihnen spielen sollte. Er hatte einen Sohn, aber Erik war schon groß und lebte nicht länger bei seiner Familie. Eines Tages kam er zu Besuch. Ich hatte ihn noch nie zuvor getroffen und war sehr beeindruckt von ihm, er war etwa zehn Jahre älter als ich und also erwachsen. Nach einer Weile nahm er mich mit nach draußen in den Garten und brachte mir bei, Ball zu spielen. Er warf mir einen Ball zu, und ich fing ihn und warf ihn dann zurück. Er musste es mir trotzdem zeigen, denn ich erinnerte mich nicht mehr daran, jemals Ball gespielt zu haben. Irgendwann warf er den Ball gegen die Hauswand. Ich versuchte, ihn genauso hoch zu werfen wie mein erwachsener Cousin. Natürlich schaffte ich es nicht, aber dieses eine Mal machte mir das nichts aus. Dann passierte das Desaster! Mein Cousin warf den Ball mit voller Wucht Er hätte gegen die Wand gehen sollen, traf aber stattdessen das Fenster. Das Fenster war geschlossen! Wir hörten das Geräusch des splitternden Glases und warteten. Wie zu erwarten, stürmte mein Onkel durch die Tür, völlig außer sich. Ich duckte mich, obwohl es nicht so aussah, als ob mein Onkel mich schlagen wollte – aber meine Reaktion war eine, die ich früh gelernt hatte. Ich nahm auch sofort an, dass ich für schuldig gehalten werden würde, immerhin war ich die Jüngere, und vermeintlich spielen Kinder, und da ich ein Kind war, hatte ich gespielt, und das war das Ergebnis. Zu meiner großen Überraschung passierte mir nichts, weil mein Cousin meinem Onkel sofort sagte, dass er derjenige war, der den Ball geworfen hatte. Mein Onkel murmelte etwas über Erwachsene, die nicht so kindisch sein sollte, mit Bällen zu spielen, und ich nehme im Nachhinein an, er hat ihn das Fenster bezahlen lassen. Ich dachte damals und denke es noch heute, dass es wirklich nett von einem Zweiundzwanzigjährigen war, sich für eine Zwölfjährige zu interessieren und zu versuchen, ihr eine Freude zu machen. Er war sehr nett zu mir, und ich habe ihm das nie vergessen. Leider habe ich ihn nie wieder gesehen. Er kam nicht noch einmal ins Haus, und nachdem ich nach Holland zurückgekehrt war, gab es keine Gelegenheit, ihn noch einmal zu treffen.

Sowohl vor als auch nach dem Besuch meines Cousins fühlte ich mich einsam und sehr allein. Noch einmal passte ich nicht dazu, weder im Haus meines Onkels noch in der Schule. Mein Onkel ging jeden Tag an die Arbeit, und mit dem Rest der Familie konnte ich nicht sprechen, also blieb ich für mich, außer an Schultagen. Sonntags war mein Onkel da, aber wir redeten auch nicht sehr viel miteinander. Er wusste wahrscheinlich ebenso wenig wie ich, worüber wir miteinander reden sollten. Und die alten Tabus galten noch immer. Kinder sollte man sehen, aber nicht hören können, sie sollten sich nicht an den Gesprächen von Erwachsenen beteiligen, keine Fragen stellen und so weiter. Ich konnte ganz sicher nicht über den Krieg mit ihm reden und noch weniger über die Lager.

Mein Onkel übertrug mir ein paar Aufgaben im und um das Haus herum, zum Beispiel die, einen Eimer Kohle für den Ofen zu holen, worüber ich mich ohne Ende ärgerte. Es erinnerte mich an die Arbeit, die ich in Theresienstadt hatte tun müssen, aber ich konnte ihm das nicht erzählen, weil ich mit ihm über diese Zeit überhaupt nicht reden konnte. Mein Onkel und meine Tante waren sehr gut zu mir, sie kauften mir Kleidungsstücke und auch einen warmen Mantel, sie schenkten mir zu Weihnachten etwas und sie fütterten mich mit einer Menge Essen. Ich war ihnen dankbar, blieb aber einsam und allein. Dankbarkeit ist nicht unbedingt ein angenehmes Gefühl, besonders wenn sich etwas wie Wohltätigkeit anfühlt, und sie mindert die Einsamkeit nicht.

Schließlich waren die drei Monate um, und ich fuhr nach Hause, wieder mit dem Zug, obwohl ich keine Erinnerung an diese Fahrt habe. Als der Zug am Hauptbahnhof ankam, zeigte sich: Die kleinsten Kinder hatten ihr Holländisch vergessen und sprachen jetzt nur noch Dänisch. Wir älteren Kinder mussten für die Eltern übersetzen, die natürlich erschüttert waren. Ich hatte nicht viel Dänisch gelernt, weil mein Onkel Deutsch sprach, und die holländischen Jungs Holländisch. Heute erinnere ich an gar nichts mehr davon. Ich war glücklich, daheim zu sein, mit meinen Eltern vereint zu sein, in unsere Wohnung zurückzukommen und mein Zimmer zurückzuhaben. Alle vertrauten Dinge waren immer noch da, und ich hatte das Gefühl, nun könnte ich endlich zur Ruhe kommen.

Rechts: Unsere Wohnung
(markiert mit X) in
Amsterdam Zuid.

Unten: Mein Vater und
meine Mutter 1954.

Ulle 1947.

Meine Mutter Ilse und
ihre Schwester Ulle
(Ursula) 1951.

AUF DEM LYZEUM IN AMSTERDAM

Nach meiner Rückkehr aus Dänemark hatten meine Eltern für mich Nachhilfeunterricht bei Mijnheer Hogedoorn organisiert. Das half wirklich, aber ich habe niemals vollständig aufgeholt, was ich verpasst hatte. Während der ganzen fünften Klasse und auch später, in der sechsten, gab es immer Dinge, die ich nicht wusste und nicht verstehen konnte. Außerdem hatte ich Schwierigkeiten, mich zu konzentrieren, und las eigentlich lieber ein Buch, als meine Hausaufgaben zu machen. Aber selbst wenn ich meine Hausaufgaben machte, war ich leicht abzulenken. Ich verstand nicht wirklich, welche Bedeutung die Schule im Allgemeinen hatte und wozu ich lernen sollte, was ich zu lernen hatte. Damals wurden die Verben im Holländischen noch gebeugt, wie im Lateinischen und im Deutschen, und ich musste lernen, wie man sie beugt. Die Rechtschreibung war auch gerade erst geändert worden, und auch das musste ich lernen. Ich verstand nicht, was für einen Unterschied es möglicherweise machte, wie ich ein Wort schrieb oder, genauer gesagt, wie ich eine Wortendung anstelle einer anderen benutzte. Bald danach waren die Deklinationen nicht länger üblich, und die Sprache wurde daher einfacher. Während ich mich immer noch in der sechsten Klasse abmühte, entschied mein Vater, dass ich danach auf ein Gymnasium, das Amsterdams Lyceum, gehen sollte. Die Schule war ziemlich bekannt. Das holländische Schulsystem war damals sehr viel anders als das amerikanische: Die Grundschule hatte sechs Klassen, mit sechs Jahren wurden die Kinder eingeschult, und nach der Grundschule kamen die Mittelstufe und die Oberstufe, das siebte bis zwölfte Schuljahr. Es hat sich einiges geändert seit meinem Abschluss. Ein Lyzeum hatte zwei Zweige, einen modernen und einen klassischen, wo wir Latein und Griechisch lernten, aber auch drei Fremdsprachen. In dem modernen Zweig wurden nur drei Fremdsprachen unterrichtet: Englisch, Französisch und Deutsch. Beide Zweige hatten auch einen A-Bereich und einen B-Bereich. Im A-Bereich wurden mehr Sprachen unterrichtet, im B-Bereich lag der Schwerpunkt auf Mathematik. Wir konnten die Klassen nicht wählen. Das Programm war festgelegt, und alles, was wir zu tun hatten, war, ihm zu folgen.

Irgendwann im sechsten Schuljahr wurde ich auf ein Gymnasium, das Amsterdams Lyzeum, geschickt, um die Aufnahmeprüfung abzulegen. Es machte mir Angst, sogar schon bevor ich hinging, weil ich keine Ahnung hatte, was gefragt werden würde und niemand irgendetwas erklärte. Ich erinnere mich nicht mehr an alles, was in dieser Aufnahmeprüfung vorkam, aber ich erinnere mich an die Rechenaufgaben. Wir sollten die Zahlen addieren, die man uns nannte, und dann nur die letzte Zahl der Antwort in das vorgesehene Feld schreiben. Weil ich sehr schlecht im Rechnen war, versetzte mich das in Angst und Schrecken. Aber ich musste es machen, also machte ich es. Bis heute habe ich keine Ahnung, wie gut oder wie schlecht ich in diesem Test abgeschnitten habe, aber ich wurde auf alle Fälle am Lyzeum angenommen.

Also wechselte ich im September 1947, im Alter von vierzehn, auf das Lyzeum. Die ersten beiden Jahre waren für alle gleich, danach kam die Aufteilung zwischen klassisch und modern. Noch einmal lernten wir holländische Grammatik, und schon wieder verstand ich sie nicht. Ich hatte keine Vorstellung von irgendwelchen grammatischen Begriffen, kannte den Unterschied nicht zwischen einem Substantiv und einem Adjektiv und hatte noch nie einen Satz analysiert. Aber wir mussten jede Woche Aufsätze schreiben, und aus irgendeinen Grund war ich darin gut. Manchmal war das Thema vorgegeben, dann wieder sollten wir das schreiben, was wir einen freien Aufsatz nannten. Das bedeutete, wir konnten uns das Thema aussuchen. Im zweiten oder dritten Jahr meiner Zeit am Lyzeum begann ich über meine Kriegserfahrungen zu schreiben. Weil ich aber die Erfahrung gemacht hatte, dass niemand etwas darüber hören wollte und dass ich eben „nur" ein Kind war, schrieb ich in der dritten Person. Ich schrieb über „das Mädchen" oder „ein Mädchen und ein Junge", ohne Namen zu nennen. Ich dachte, dass es so mehr wie eine Romanhandlung wirken und daher vielleicht akzeptabler sein würde. Einmal schrieb ich einen Aufsatz mit dem Titel „Das Mädchen, das anders ist". Die Hauptperson war ein Mädchen, die zufällig jüdisch war, und ich schrieb darüber, was ihr während des Krieges widerfahren war. Ich sprach über den gelben Stern, den wir hatten tragen müssen, von der Angst vor dem Unbekannten und der Angst vor den „schlimmen Orten". Als ich den Aufsatz zurückbekam, hatte der Lehrer darauf geschrieben: „So anders ist das gar nicht!" Ich nahm den Hinweis an und schrieb nie mehr über solche Dinge. Es war offensichtlich, dass niemand etwas davon hören wollte, sogar mehrere Jahre nach dem Krieg und sogar in fiktionaler Form. Also hielt die Stille an.

Wir wurden in alter Geschichte und Mythologie unterrichtet, und ich liebte beides, Geschichte überhaupt. Die Gestalten in der Mythologie – und die Götter und die Helden – waren real für mich, ich konnte mich mit ihnen identifizieren. Ich konnte verstehen, was sie taten und warum sie es taten. Die historischen Personen, sowohl in der Antike als auch in der modernen Geschichte, waren interessant. Sie hatten Abenteuer erlebt, und sie machten Eindruck. Wir hatten auch Mathematik, begannen mit Algebra und Geometrie. Es wäre untertrieben zu sagen, dass ich mit keinem von beiden etwas anfangen konnte. Ich habe nie verstanden, warum es notwendig ist, a mit b zu addieren, um ein Ergebnis zu bekommen, das ein weiterer Buchstabe war. Es bedeutete weniger als nichts, deshalb tat ich mir schwer damit, und wieder einmal musste ich Nachhilfe nehmen. Dank der Herzensgüte meines Lehrers und der Hilfe meines Nachhilfelehrers schaffte ich es, die ersten beiden Jahre zu überstehen.

In der Zwischenzeit verpasste ich viel, wieder einmal, denn ich war häufig krank. Ich bekam, wahrscheinlich als eine der Folgen der Kriegs- und Lagerjahre, jede Krankheit, die im Umlauf war, und ein paar andere. Im ersten Jahr musste ich mir meine Mandeln rausnehmen lassen, im nächsten hatte ich eine Blinddarmoperation. Ich hatte mindestens eine Grippe pro Jahr, aber auch zahlreiche Erkältungen und Ohrinfektionen und sehr oft Fieber ohne andere Symptome. Das war nicht hilfreich, um meine Studien fortzusetzen. Als ich fünfzehn war, bekam ich, was als rheumatische Arthritis bekannt ist. Das setzte mir gewissermaßen Grenzen, aber nicht so sehr, denn am Anfang war es nicht so schlimm. Das Einzige, das mich wirklich störte, war, dass es mich schon wieder anders sein ließ als die anderen Schülerinnen und Schüler. Es gab bestimmte Dinge, die Sportstunden, an denen ich nicht teilnehmen durfte. Der Doktor befahl mir, mich warm zu halten, also trug ich von diesem Tag an lange Hosen, was damals absolut unüblich war. Tatsächlich mussten meine Eltern die Schule um Erlaubnis bitten, damit ich sie tragen durfte. Einmal mehr war ich anders. Einmal mehr passte ich nicht dazu.

Irgendwann in diesen ersten beiden Jahren begann mir klarzuwerden, dass die Schule vielleicht doch etwas Nützliches hatte. Ich hatte keine besonderen Pläne für die Zukunft, ich war immer noch nicht sicher, ob ich überhaupt eine Zukunft hatte, aber langsam dachte ich ab und zu an einen Beruf. Tatsächlich war das nicht zu schwierig. Von meinem neunten Lebensjahr an hatte ich immer gesagt, dass ich entweder Apothekerin oder Schriftstellerin werden wollte. Aber sogar auf dem Lyzeum hatte ich keine Idee, wie ich das machen sollte. Ich ging einfach in die Schule, weil ich es musste. Ich lebte immer nur von einem Tag zum anderen oder vielleicht ein bisschen weiter voraus. Es war eine Art „Automatikleben", in dem ein Tag dem anderen folgte, aber sie waren irgendwie leer. Vor und nach der Schule lernte ich, ansonsten füllte ich meine Tage nicht mit irgendwelchen Plänen an. Ich *war* einfach. Ich hatte keine langfristigen Pläne und wusste nicht, wie man welche macht. Wie machst du langfristige Pläne, wenn du nicht sicher bist, ob du eine Zukunft hast? Obwohl ich immer noch sagte, dass ich Apothekerin oder Schriftstellerin werden wollte, hatte ich nicht die leiseste Idee, was das beinhalten könnte oder wie ich dahin kommen würde.

Nach diesen beiden Jahren am Lyzeum hatte ich endlich fest vor, den Apothekerberuf zu ergreifen, wie mein Vater. Für dieses Studium war der klassische Zweig des Lyzeums Voraussetzung. Also fing ich in meinem dritten Jahr dort an, Griechisch und Latein und einige andere

Fächer zu belegen. Und es geschah natürlich, was geschehen musste: Ich verstand überhaupt kein Latein. Seine Deklinationen, Flexionen und Konjugationen hatten nichts gemeinsam mit dem, was ich zuvor gelernt hatte, nicht einmal mit den Flexionen des Niederländischen, die inzwischen nicht mehr benutzt wurden. Es war mir zu hoch. Also lernte ich auswendig, was ich konnte, war aber nie in der Lage, wirklich zu verstehen, was ich tat. Griechisch war aus irgendeinem Grund etwas einfacher. Aber dann gab es auch noch Botanik und Zoologie und, genau wie bei Algebra, sah ich keinen Grund zu lernen, wie Pflanzen zusammengesetzt wurden. Zoologie mochte ich, aber ich hatte Schwierigkeiten damit, wie mit allem anderen. Die Tatsache, dass ich nicht verstehen konnte, was ich tat, führte mich zu der automatischen Schlussfolgerung, dass dies ein weiterer Makel an mir war. Der Lehrer sagte immerhin, dass wir dieses Bild oder jene Seite studieren sollten, und jeder andere kam damit zurecht. Ich nicht, also war ich dumm. Ich hielt das für nur einen weiteren Makel, weil ich jüdisch war. Ein Makel kommt selten allein: Jüdisch zu sein, verursachte alle anderen Makel.

Irgendwann änderte ich meine Einstellung, was die Pharmazie anging, und wechselte in den modernen Zweig des Lyzeums hinüber. Überraschenderweise, jedenfalls für mich, stellte sich heraus, dass ich in modernen Sprachen gut war, sogar sehr gut. Zum ersten Mal in meiner gesamten Schullaufbahn begann ich gute Noten zu bekommen. Englisch war überhaupt kein Problem. Nach einer Weile machte es sogar Spaß. Deutsch sprach ich zu Hause, und alles, was ich zu tun hatte, war, ein paar Regeln auswendig zu lernen. Also kein Problem. Französisch war schwieriger. Anfangs lernten wir vor allem Verbkonjugationen in allen möglichen und unmöglichen Zeiten und

Stimmungen. Wir übersetzten auch viel. Dann kamen die Sommerferien, und meine Mutter reiste mit mir nach Aix-Les-Bains in Frankreich. Aix war bekannt für sein Heilwasser, das bei Arthritis half, und das war der Grund, weshalb wir hingefahren waren. Während unser Aufenthalt dort nichts für meine Gesundheit tat, fand meine Mutter zu ihrem Entsetzen heraus, dass ich nach zwei Jahren Französisch in der Schule nicht einmal einen ganzen Satz zusammensetzen konnte.

Also schickte sie mich, Besorgungen zu machen, Postkarten oder etwas in der Art zu kaufen. Was sie nicht wusste, war, dass ich einen Laden betrat, mich vorsichtig umsah, dann auf die Karten deutete und sagte: „Ça, s'il vous plaît." „Das hier, bitte." Offensichtlich funktionierte das, aber es brachte mir kaum bei, Französisch zu sprechen. Nach der Rückkehr nach Amsterdam fand meine Mutter eine Konversationslehrerin für mich, eine Französin, Madame Matthieu, die französische Konversation unterrichtete, um sich ihren Lebensunterhalt zu verdienen. Das erste Mal brachte mich meine Mutter zu Madame Matthieu. Madame bat mich, die Objekte im Raum zu benennen: einen Tisch, einen Stuhl und so weiter. Ich konnte es nicht. Von da an musste ich einmal die Woche dorthin gehen, und jede Woche hatte ich einen Aufsatz für Madame zu schreiben, und sie korrigierte ihn, als ich dort saß, und erklärte mir, warum etwas falsch war. Dann sprach sie eine Stunde lang Französisch. Und nach ein paar Wochen fand ich heraus, dass ich tatsächlich diese Sprache für etwas *verwenden* konnte. Ich konnte mich verständigen. Nicht fließend, nicht korrekt, aber immerhin: Madame verstand, was ich sagte, und ich erhielt eine Antwort, die zu meiner Frage passte oder zu dem, was ich gesagt hatte. Von diesem Moment an machte mir Französisch Spaß. Mein Französischlehrer auf dem Lyzeum, Mijnheer Van Praag, hatte die Gewohnheit, die Worte aus zwei oder drei Sätzen zu kombinieren und uns den Satz, den er sich ausgedacht hatte, vom Niederländischen ins Französische zu übersetzen. Und plötzlich wurde mir klar, was er tat, und ich lernte anders. Wenn er mich aufrief (wir mussten nach vorne kommen, vor die Klasse!), war ich in der Lage zu übersetzen, was auch immer er sagte. Es erstaunte ihn, es erstaunte die gesamte Klasse, und am meisten erstaunte es mich. Es gab mir das Gefühl, dass ich endlich in der Lage war, Aufgaben zu lösen. Dass ich vielleicht ein bisschen weniger dumm war, als ich gedacht hatte.

So vergingen meine Jahre am Lyzeum. In den letzten Schuljahren fingen wir an, uns auf unsere Abschlussexamen vorzubereiten, auf das Abitur. Das Abschlussexamen war das gleiche überall in Holland für die jeweils gleichen Level verschiedener Schulen. Es war eine staatliche Prüfung. Es ging über die letzten drei Unterrichtsjahre und über alle fünfzehn Fächer oder so, die wir belegt hatten. Wenn wir den schriftlichen Teil hinter uns hatten, durften wir uns auf den mündlichen Teil vorbereiten, der auch aus etwa zehn Themen bestand. Wenn wir es schafften, auch dies zu bestehen, erhielten wir unsere Abschlusszeugnisse. Meine Freundin Edith, die ich seit dem Kindergarten kannte, und ich büffelten zusammen, wie wir das seit Jahren getan hatten. Wir blieben lange wach und standen früh auf, nur um genug lernen zu können. Und wir beide schafften es, das Abschlussexamen im ersten Anlauf zu bestehen. Im Allgemeinen waren nur etwa 50 bis 75 Prozent der Schülerinnen und Schüler beim ersten Versuch erfolgreich. Die Abschlussprüfung nicht zu bestehen, bedeutete, dass das ganze letzte Jahr wiederholt werden musste. Also waren wir sehr stolz auf uns. Auf eine bestimmte Weise endeten mit meinem Abschlussexamen gleichzeitig meine Schulzeit und meine Kindheit, obwohl meine Kindheit zu Ende gewesen war, als der Krieg begonnen hatte. Vielleicht sollte ich sagen, dass meine Kindheit erneut endete.

ENDE EINER KINDHEIT

Irgendwie scheint es so, als sei meine Kindheit zu verschiedenen Zeiten zu Ende gegangen. Sie ging zu Ende, als wir in einem Viehwaggon nach Westerbork deportiert wurden. Und sie ging zum zweiten Mal zu Ende, als wir nach Theresienstadt kamen. Als wir nach Amsterdam zurückkehrten, wurde ich wieder „Kind", indem ich nicht länger so unabhängig war, wie ich in den Lagern gewesen war. Ich hatte dort Verantwortung getragen, zum Beispiel dafür gesorgt, dass der Platz, den wir hatten, sauber war, Essen geholt, unsere Kleidung oder Socken und Strümpfe gestopft und mich generell um den „Haushalt" gekümmert. Offenbar war das, war in den Lagern erlaubt oder obligatorisch gewesen war, nach unserer Rückkehr nach Amsterdam nicht länger erlaubt. Sowohl in Westerbork als auch in Theresienstadt hatte ich bestimmte Aufgaben zu erledigen, weil meine Eltern arbeiteten und sich deshalb nicht darum kümmern konnten. Und im Lager hatte ich einfach gesagt, wohin ich ging, zum Beispiel, unser Essen holen, während ich nun, nach unserer Rückkehr, um Erlaubnis bitten musste, um irgendwohin zu gehen. Meine Eltern waren sehr um mich besorgt, und ich hatte zu gehorchen. Natürlich fing meine Kindheit nicht wirklich wieder an, nicht einmal als ich begann, mit meinen Spielkameraden, die etwa sechs bis zehn Jahre alt waren, auf der Straße zu spielen. Sie und ich wurden gute Freunde. Meine Kindheit ging allerdings noch einmal zu

Ende, als ich meine Abschlussprüfung am Lyzeum bestanden hatte, weil meine Schulzeit vorbei war. Zumindest dachte ich das. Aber sie ging auch an einem anderen Tag zu Ende. Ich muss im dritten Jahr am Amsterdams Lyceum gewesen sein, was bedeuten würde, dass ich etwa sechzehn war. Ich erinnere mich nicht mehr an den Wochentag oder auch nur an das Datum, aber ich erinnere mich an das, was geschehen ist. Ich war ins Wohnzimmer gegangen, um in den Bücherschränken meiner Eltern etwas zu lesen zu finden. Auf dem Boden sitzend, nahm ich ein Buch nach dem anderen heraus, blätterte ein paar Bücher durch, stellte sie zurück, las hier und da ein bisschen, konnte aber nichts finden, das mich besonders interessierte. Als ich dann ein dickes Buch herausnahm, entdeckte ich etwas, das dahinter versteckt war. Also zog ich es natürlich heraus, vorsichtig, und es war ein weiteres Buch. Ich fand es ziemlich merkwürdig, ein Buch hinter all den anderen zu finden, und konnte mir nicht vorstellen, warum es dort stand. Immerhin durfte ich doch alles lesen! Warum also sollten sie dieses Buch vor mir verstecken? Es war sehr eigenartig. Schon allein, dass es versteckt gewesen war, machte mich neugierig. Ich zog es heraus, mit dem Rücken zu mir. Als ich es umdrehte, um auf den Titel zu schauen, war es ein ungeheurer Schock für mich. Ich erinnere mich nicht mehr an den Titel, aber es gab ein Foto auf dem Cover von einem Menschen, der wie der Tod selbst aussah. Er (oder vielleicht sie) bestand nur noch aus Haut und Knochen, und der Kopf ähnelte einem Totenschädel. Ich schlug das Buch auf, und dann war mir sofort klar, warum es versteckt gewesen war. Es war ein Bildband über Auschwitz mit vielen, vielen Fotografien und wenig Text. Ich erinnere mich nicht an den Text, ich nehme an, es ging um Auschwitz. Auf jeden Fall las ich es durch und sah mir alle Fotografien an, während ich auf diesem Fußboden saß und war jede Minute darauf gefasst, das Buch hinter die anderen zurückzustellen, falls meine Mutter oder mein Vater hereinkommen sollten. Jetzt wusste ich, warum es versteckt gewesen war. Und warum meine Eltern mir niemals etwas über dieses Konzentrationslager erzählt hatten. Es wurde mir auch klar, dass, wenn Auschwitz so ausgesehen hatte, es wahrscheinlich noch andere Lager gegeben hatte, die so ausgesehen hatten, mit Insassen, die wie der Tod aussahen. Es war nicht länger ein Geheimnis, warum so viele Menschen nicht zurückgekehrt waren. Plötzlich verstand ich, was es bedeutete, was „der Osten" bedeutete oder „Polen", die Orte, über die wir in den Lagern gesprochen hatten. Ich verstand, was mit meinem Freund Hans geschehen war, als er und seine Familie von Theresienstadt nach „Polen" transportiert worden waren. Es wurde mir klar, dass ich ihn nie wiedersehen würde, dass er für immer fort war. Es wurde mir klar, dass er ermordet worden war. Jemand, der Menschen zu Skeletten werden lässt, ermordete sie ganz offensichtlich, vielleicht nicht, indem er sie erschoss, sondern sicherlich durch Verhungern. Mein Kopf verstand das alles. Unglücklicherweise meine Gefühle nicht. Es war ein zu großer Schock, ähnlich einer inneren Blendung, alles auf einmal. Ich schloss es weg mit all den anderen Gefühlen und Dingen, über die ich nicht sprechen sollte, und einmal mehr warf ich den Schlüssel weg.

Als ich das Buch beendet hatte – es war ein ziemlich dünnes Buch –, stellte ich es genau dorthin zurück, wo ich es gefunden hatte. Ich habe meinen Eltern nie davon erzählt, dass ich es gefunden hatte, ihnen nie von den Schlussfolgerungen erzählt, die ich gezogen hatte, von dem Verständnis, das ich gewonnen hatte, sagte niemals ein Wort über all das, genau wie sie nichts darüber gesagt hatten, als sie das Buch beschafft hatten. Genau wie sie nicht gewollt hatten, dass ich es sah und mir über das Sorgen machte, was es zeigte, wollte ich sie nie wissen lassen, dass ich das Buch tatsächlich gefunden und gesehen hatte, damit sie sich keine Sorgen darüber machten, wie ich darauf reagierte.

Falls meine Erinnerung mich nicht trügt, wurden in dem Buch keine Gaskammern gezeigt und auch nichts darüber geschrieben. Ich dachte, dass die Deutschen die Menschen einfach hatten verhungern lassen. Es kam mir damals nicht in den Sinn, dass sie die Leute auch direkt ermordet hatten. Und natürlich hielt das Schweigen an. Niemand erklärte irgendwas, niemand sprach über irgendwas, und es blieb mir allein überlassen, die Dinge selbst herauszufinden. In diesem Fall war das nicht schwer. Ich wusste schon, dass die Deutschen den Tod von uns Juden gewollt hatten. Von uns allen. Wir waren in zwei Konzentrationslagern gewesen, offensichtlich hatte es viele mehr gegeben, und einige sahen aus wie Auschwitz, vielleicht sogar viele von ihnen. Das bedeutete, dass ihre Insassen auch so ausgesehen hatten wie die Auschwitzhäftlinge auf den Bildern. Nur eine weitere Bestätigung dafür, dass Jüdischsein ein Makel war. Was auch immer von meiner Kindheit übriggeblieben sein mochte, war jetzt unweigerlich verschwunden. Tatsächlich war meine Kindheit einfach dort gestorben, an dieser Stelle, auf dem Fußboden vor diesem Bücherschrank.

Bei verschiedenen Gelegenheiten nahm ich später das Buch noch einmal in die Hand, immer dann, wenn ich allein in der Wohnung war. Ich sorgte dafür, dass meine Eltern nie herausfanden, dass ich das Buch entdeckt, es gelesen und es mir immer wieder angesehen hatte. Die Fotos veränderten sich natürlich nicht, aber meine Wut wuchs jedes Mal, wenn ich sie mir ansah. Es war ein Zorn, den ich mir nicht anmerken lassen durfte, aber das bedeutete nicht, dass er nicht existierte. Er hatte nicht mit dem Auschwitzbuch begonnen. Er hatte schon früh während des Krieges begonnen, und er war im Zug nach Westerbork gewachsen. Er wuchs noch ein bisschen mehr in Theresienstadt und nun, mit dieser Entdeckung, war es, als ob er mich bei lebendigem Leibe auffressen wollte. Aber ich konnte nicht darüber sprechen, weil es verboten war, über den Krieg und die Lager zu reden. Also blieb es in mir für viele Jahre, bis ich 1985 eine Therapeutin fand und endlich darüber sprechen konnte.

Das Buch über Auschwitz brachte mich nicht nur dazu, auf die Schnelle erwachsen zu werden – erwachsener –, sondern es machte mich auch wütender, als ich ohnehin schon war. Ich denke, das war das erste Mal, dass ich Wut als ein Gefühl verstehen konnte. Wie schon erwähnt, fühlte ich noch immer taub und sollte es noch viele Jahre bleiben, aber meine Wut kam laut und klar zum Vorschein. Sie war geboren als bemerkbares Gefühl, als ich dieses Buch gesehen hatte. Als Teenager war ich oft wütend, und meist wusste ich nicht, warum oder worüber. Diese erwähnte Einsicht kam mir erst viele, viele Jahre später. Ein Teil dieses frühen Zorns war auch das Gefühl,, nicht sicher zu sein. Das bringt mich zu der Frage: *„Was ist ‚sicher‘?"*

Was, wenn ich meine Hausaufgaben nicht mache, was wird dann passieren? Was, wenn ich für irgendjemand das falsche Geburtstagsgeschenk aussuche? Was, wenn ich die falsche Farbe trug? Was, wenn ich mich mit jemandem stritt? Wenn ich heimkomme und niemand da ist, bin ich dann immer noch sicher? Was ist mit Leuten in Uniform? Wenn ich die Uniformen nicht erkenne, wie werde ich wissen, dass diese Person in Ordnung ist?

„Sicher" ist, nach Hause zu kommen zu meinen Eltern und sie zu Hause vorzufinden. „Sicher" heißt, die Sprache des Landes zu kennen, in dem ich lebe. „Sicher" ist, auf der Straße kein Deutsch zu sprechen. „Sicher" ist, um mich herum Holländisch zu hören. „Sicher" bedeutet zu wissen, dass die Türklingel nicht mitten in der Nacht klingeln wird. „Sicher" ist zu wissen, dass es keine Soldaten mehr gibt, die mir Böses wollen. „Sicher" ist zu wissen, dass es keinen Luftalarm in der Nacht geben wird. Dass sie mich nicht mitten in der Nacht wecken, um ein Versteck aufzusuchen, sondern dass ICH an einem sicheren Ort BIN. „Sicher" ist Freunde zu haben, die nicht denken, dass ich eigenartig oder verrückt bin, weil ich bei einem plötzlichen Geräusch aufschrecke. „Sicher" ist, keine Aufmerksamkeit auf mich zu ziehen.

Hat sich all das über die Jahre geändert? Nun... nein. Sogar heute noch, während ich dies schreibe (es ist jetzt 2002), zucke ich bei einem plötzlichen Geräusch zusammen. Sogar heute noch muss ich nachschauen, wer da ist, bevor ich öffne, wenn jemand laut an der Tür klingelt oder klopft. Sogar heute noch will ich wegrennen und mich verstecken, wenn ich einen Soldaten in Uniform oder irgendjemanden in Uniform sehe. Sogar heute noch frage ich mich bei Leuten: *Würden sie mich verstecken? Würden sie mir etwas zu essen bringen?* Also, was heißt „sicher" heute?

„Sicher" ist nach Hause kommen und das elektronische Tor hinter mir schließen, und dann die Tür verriegeln. „Sicher" ist, wenn es dunkel wird, denn in der Dunkelheit kann ich nicht gesehen werden, und deshalb kann mir nichts passieren. Unglücklicherweise ist Dunkelheit auch unsicher, sogar gefährlich, weil ich nicht sehe, wer da draußen ist. „Sicher" ist, wenn es hell wird, denn dann kann ich sehen, was geschieht und wer vielleicht vor der Tür ist. Unglücklicherweise ist Licht auch unsicher, sogar gefährlich, denn ich kann gesehen werden, jemand könnte hinter mir her sein.

In einem Gedicht, das ich vor einigen Jahren geschrieben habe, verstehe ich die Dunkelheit als meinen Bruder, das Licht als meine Schwester. Sie sind immer bei mir, sowohl bedrohlich, als auch zu meiner Sicherheit. Sie sind Teil meines Seins. Schließlich, sogar heute, wenn ich mich verfahre, weil ich eine Abbiegung verpasst habe oder eine Karte falsch gelesen, werde ich wütend. Der Zorn kommt heraus anstelle der Angst. Ich hasse es, mich zu verirren. Immerhin könnte es sein, dass ich nie wieder gefunden werde. Ich werde vielleicht mich selbst nie wieder finden. Sogar heute noch will ich wegrennen und mich verstecken, wenn ich Polizeisirenen oder Feuerwehrsirenen oder einen Krankenwagen höre. Sogar heute noch mache ich einen Riesensatz, wenn jemand von hinten kommt, ohne ein Geräusch zu machen, und mich berührt. Sogar heute noch ist die Wut meine erste und stärkste Emotion. 1985 habe ich einen kurzen Essay über die Wut geschrieben. Ich füge ihn hier ein.

ZORN

Zorn ist eine sengende, orangefarbene Flamme, die mich auffrisst. Zorn ist ein heißes Meer, das über mich brandet und mich eiskalt und zitternd zurücklässt. Zorn bringt mich dazu, mich hässlich zu fühlen, weil es ein hässlicher, buckliger Zwerg ist, der mich angreift.

Er ist seit Jahren in mir, meist unterdrückt, aber gelegentlich bricht er aus wie Lava aus einem Vulkan. Ich war mir nie klar darüber, warum er da war, aber er war ein Teil von mir, ein Teil von mir, den ich nicht mochte. Ich versuchte, darüber hinwegzukommen, indem ich ihn stärker unterdrückt habe, und es klappte nicht. Jetzt glaube ich zu wissen, warum er da ist, auch wenn ich noch immer nicht weiß, wie ich damit umgehen soll.

Ich bin wütend, weil ich meine Großeltern verloren habe, bevor ich sie wirklich kannte. Ich bin wütend, weil ich die Eltern verloren habe, die ich gehabt hätte, hätte der Krieg nicht eingegriffen und sie zu den Menschen gemacht, die sie geworden sind. Ich bin wütend, weil mir ein großer Teil meiner Kindheit genommen worden ist, und das Kind, das ich gewesen sein könnte, jetzt nur ein Phantom ist. Ich bin wütend, weil mir meine Vergangenheit genommen worden ist, weil die Erwachsenen in einem Kinderleben mir unentwegt zu verstehen gaben, dass ich nicht in der Lage sei zu verstehen, dass ich mich nicht erinnern kann und dass ich nichts bemerkt habe. Aber es sind nicht nur *ihre* Erinnerungen, die der Wahrheit entsprechen. Meine sind auch korrekt, sie sind nur anders, weil ich die Dinge aus der Perspektive eines Kindes gesehen habe. Dinge, die sie nicht ängstigten, mich aber schon. Dinge, die mir geschahen, passierten ihnen nicht. Ich bin wütend, weil sie meine Erinnerungen und meine Erfahrungen abwerteten, indem sie sie nicht berücksichtigt haben. Und auf diese Weise werteten sie auch mich ab.

Ich bin wütend, weil sie versuchten, mir etwas zu ersparen, indem sie nicht mit mir über den Krieg und die Lager sprachen. Und es schmerzt mich aus denselben Gründen. Der Zorn und der Schmerz sind eins. Ich bin wütend, und ich bin verletzt, weil es Leute gibt, die gesagt haben und sagen, dass Westerbork und Theresienstadt nicht so schlimm gewesen seien, das erste war „nur" ein Sammellager, und das zweite war für die Elite. Aber in einem Sammellager wirst du nicht einfach festgehalten, du wirst festgehalten, bis du weitergeschickt wirst. Und ich weiß nicht, warum irgendjemand von uns zur „Elite" gehört haben soll. Es ist nicht elitär zu verhungern. Es ist nicht elitär, hinter Stacheldraht zu sein, unfrei, außer um zur Arbeit zu gehen in einer Glimmerfabrik, die so tödlich ist wie der Typhus. Es ist nicht elitär, Flöhe und Wanzen zu haben und keine warmen Kleider in klirrender Kälte. All das ist uns allen geschehen, aber niemand wollte später darüber sprechen.

Ich bin wütend und ich bin verletzt, weil ich meine Freunde verloren habe, sogar dann, wenn sie nicht starben. Ich bin wütend, weil es zu viele Verluste gab und zu viele Entbehrungen, die zu wenige Menschen anerkannten, weil ich „nur" ein Kind war.

Der Zorn und der Schmerz sind eine Zeitbombe in mir. Manchmal explodiert diese Bombe, aber aus den falschen Gründen. Gründen, die nichts mit dem Krieg zu tun haben. Und nach der Explosion ist die Zeitbombe immer noch da, immer noch in meinem Magen wie ein Feuer, das meine Innereien auffrisst und gelöscht werden sollte. Ich glaube, dass nur Tränen dieses Feuer löschen könnten, aber ich habe noch keine, obwohl ich immer den Tränen nahe bin. Den Tränen nahe zu sein, heißt auch, einem Abgrund nahe zu sein, und davor fürchte ich mich. Falls ich hineinfalle, werde ich dann wieder herausklettern können?

Die Tränen kommen aber jedes Mal näher, und vielleicht werden sie schon bald das würgende Gefühl wegspülen, das ich habe, sodass der Zorn und die Angst auch weggespült werden können.

Das war 1985. Bis jetzt (2002) ist nichts geschehen. Nicht viel hat sich geändert. Es sind keine Tränen geflossen, und auch wenn es Tränen gegeben hätte, hätten sie nichts weggespült. Die Zeitbomben aus Zorn und Schmerz sind noch immer in mir, aber ich weiß jetzt, dass sie nie verschwinden werden. Sie explodieren immer noch aus den falschen Gründen. Heute haben wir einen Namen dafür: unangebrachte Wut. Spielt der Name eine Rolle? Nein, nicht wirklich, weil es immer noch das gleiche Gefühl ist. Der Zorn maskiert alles andere, es nimmt den Platz der Furcht, der Trauer, des Nichtverstehens, des Schmerzes und vieler anderer Dinge ein. Nur ich habe gelernt, mit all dem ein wenig besser umzugehen, ein klein bisschen besser. Aber etwas hat sich geändert: Ich weiß jetzt, wo die Wut herkommt, und bin deshalb eher in der Lage, sie zur Seite zu schieben, ihr nicht zu viel Aufmerksamkeit zu schenken, sie durch mich hindurch fließen zu lassen. Wie ich nach 1985 herausgefunden habe, leben viele, wenn nicht alle jungen Überlebenden, die Child Survivors, mit dem gleichen Zorn und dem gleichen Schmerz. Es wird niemals weggehen, aber wir haben gelernt, damit zu leben. Irgendwie jedenfalls.

GEFÜHLE

Lange Zeit war die Wut, die ich gerade beschrieben habe, das einzige Gefühl, das ich empfinden oder zeigen konnte. Es war ein Brennen tief in mir, ein unbeschreibliches Gefühl, das ich die meiste Zeit unterdrückte, weil ich Angst davor hatte, dass es, war es erst einmal freigelassen, mich entweder vollständig verbrennen oder niemals wieder gelöscht werden könnte. Es war eine Wut, die nicht weggehen sollte, aber als ich ein Teenager war, wusste ich nicht einmal, dass es Wut war oder woher sie kam oder was ich damit anfangen sollte. Sie war einfach da. Also blieb sie in mir und blockierte alle anderen Gefühle, auch die, die ich gerne gehabt hätte, wenn mir bewusst gewesen wäre, dass es so etwas wie Gefühle gab. Ich hatte keine Ahnung, dass ein Mensch mehr empfinden sollte oder konnte, als ich es tat, oder wie es war, etwas zu fühlen. Ich hatte keine Ahnung, dass andere in der Lage waren, etwas anderes als Wut zu empfinden. Meine Gefühle waren praktisch mein ganzes Leben unterdrückt worden, während der Auswanderung, der Einwanderung, des Krieges, in den beiden Konzentrationslagern, also war es kein Wunder, dass sie einfach wegblieben. Es lag zum einen am Krieg und zum anderen daran, dass ich in zwei Konzentrationslagern eingesperrt gewesen war und Erniedrigendes erlitten hatte, und es lag auch an der Art, wie Kinder damals erzogen wurden. Ich durfte in der Öffentlichkeit nicht laut lachen, in der Öffentlichkeit nicht weinen oder etwas rufen oder irgendein anderes Geräusch machen. Ich sollte gesehen, aber nicht gehört werden, nicht nur in meiner Kindheit, sondern auch in meiner Jugend und später.

Viele Jahre später „entdeckte" ich die Child Survivors. Und ich stellte fest, dass viele, wenn nicht alle Kinder ursprünglich deutscher Eltern dieselbe Erziehung wie ich genossen hatten und also als Kinder keinen Krach hatten machen dürfen. Wie ich durften sie nicht laut lachen, nicht laut weinen – kurz, man sollte auch sie sehen, aber nicht hören. Damals erfuhr ich auch, dass viele, wenn nicht die meisten der Child Survivors nicht imstande gewesen waren, über ihre Erfahrungen zu sprechen, entweder weil ihnen niemand zuhören wollte oder weil man ihnen gesagt hatte, sie sollten nicht darüber reden. Kinder, wie ich eines gewesen war, und auch Kinder, die in einem Versteck gewesen waren, waren häufig außerstande zu weinen, denn man hatte ihnen beigebracht, kein Geräusch zu machen, nicht zu weinen, weil es sie das Leben hätte kosten können. Kinder von vielleicht zwei Jahren hatten gelernt, den ganzen Tag stillzusitzen, keinen Laut von sich zu geben, nicht zu weinen. Und sie taten genau das, was man sie gelehrt hatte. Zu unser aller Unglück war es eine Lektion fürs Leben.

Ich hatte, vielleicht weil ich in den Lagern gewesen war oder wegen des Krieges, große Schwierigkeiten, mich anderen nah zu fühlen – das trifft auch auf andere Child Survivors zu, zweifelsohne aus den gleichen Gründen. Schon früh hatte ich gelernt – und das sehr nachdrücklich –, dass du die Menschen, die dir nahestehen, verlierst. Max und ich hatten uns nahegestanden, und er war von einem Tag auf den anderen verschwunden. Ich hatte Hans nahegestanden, und er war in den Osten transportiert worden. Ich und meine Freundin Peggy hatten uns nahegestanden, und sie war, wie Max, über Nacht verschwunden. Ich hatte meinen Großeltern nahegestanden, und ich hatte sie verloren, weil sie sich wegen der Nazis das Leben genommen hatten. Ich hatte meinen Eltern nahegestanden, und obwohl ich sie nicht körperlich verlor, hatte ich die Eltern verloren, die ich gehabt hätte. Der Krieg und die Lager hatten sie so sehr verändert, dass sie nicht mehr wiederzuerkennen waren. Ich fühlte mich meiner Freundin Edith nahe, aber ich wurde die Angst nicht los, dass ich auch sie verlieren könnte. Zu dieser Angst vor einem unvermeidlichen Verlust kam das Problem, auf Wiedersehen zu sagen.

Wenn Tante Ulle weggeht, um nach Hause zu fahren, werde ich sie jemals wiedersehen? Wenn Papi zu diesem Apothekertreffen geht, über das er gesprochen hat, wird er zurückkommmt? Falls er nicht zurückkommt, werden wir dann wissen, was ihm geschehen ist? Wenn ich von Edith nach Hause gehe, wird sie dann morgen immer noch da sein? Wenn Mami ihre Einkäufe machen geht, wird sie heimkommen? Was, falls nicht? Wenn ich in den Laden gehe, werden Papi und Mami noch da sein, wenn ich zurückkomme? Werden sie noch da sein, wenn ich aus der Schule komme? Oder werden sie verschwunden wie Omi, meine Großmutter Marta, die bei uns gewohnt und sich in Westerbork umgebracht hatte?

Als meine Tante Ulle zum ersten Mal auf Besuch kam, etwa zwei Jahre nach dem Krieg, weinte sie, als sie wegfuhr. So fand ich heraus, dass ich nicht die Einzige war, die Probleme damit hatte, sich zu verabschieden. Der Unterschied zwischen uns beiden war, dass ich nicht weinte – ich wusste nicht, wie. Tante Ulle weinte für den Rest ihres Lebens bei jedem Abschied und versuchte es

Links: Edith 1955.

Unten: Edith, ihr Ehemann Jan und Gabriele.

97

zu verbergen, indem sie eine Sonnenbrille aufsetzte, selbst wenn es in Strömen regnete. Ich habe immer noch Schwierigkeiten, auf Wiedersehen zu sagen, sogar heute noch. Ich bin immer noch nicht sicher, dass ich den anderen Menschen wiedersehen werde, wenn wir uns trennen, sogar heute noch. Der allerschlimmste Abschied aber ist der, den es nicht gibt, der, den du nicht nehmen kannst, weil jemand plötzlich gestorben oder für immer verschwunden ist, ohne etwas zu sagen, irgendwohin. Diese Sorte von Nichtabschied hat mich gefühlsmäßig verkrüppelt, und auch das trifft für viele andere Child Survivors zu. Es ist tatsächlich eine Art von Unsicherheit, eine Unsicherheit, die alle möglichen Formen von etwas annimmt, das ich heute Überempfindlichkeiten nenne, weil mir ein besseres Wort fehlt.

Sogar heute schrecke ich noch bei plötzlichen Geräuschen auf. Sogar heute zucke ich noch zusammen, wenn ich Leute in Uniform sehe, sogar wenn es keine Soldaten sind. Sogar heute überläuft es mich kalt, wenn es plötzlich an der Tür klingelt, egal, ob Tag oder Nacht. Sogar heute will ich mich noch in ein Versteck flüchten, wenn ich die Sirenen der Polizei oder der Feuerwehr höre. Sogar heute noch mache ich einen Satz vor Schreck, wenn sich Leute mir so leise von hinten nähern, dass ich sie nicht kommen höre, und mich berühren, wenn ich es nicht erwartet habe. Und sogar heute denke ich nicht, dass „Sicherheit" etwas ist, das leicht zu erreichen ist.

Es gab in meiner Kindheit so viel Angst, dass sie nie vollständig verschwand, auch viele Jahre später nicht. Während meiner Jugend hatte ich Angst, etwas falsch zu machen oder etwas fallenzulassen oder zu zerbrechen. Ich hatte Angst, dass ich nicht existieren könnte. Und ich hatte Angst, dass ich, selbst wenn ich existierte, die falsche Form hatte, die falsche Größe, die falsche Stimme, dass einfach alles an mir falsch sein könnte. Als ich größer wurde, verloren sich einige dieser Ängste. Aber nicht alle. Bis heute weiß ich nicht, ob ich das Richtige sage oder was ich sagen soll. Was sage ich, nachdem du „hallo" gesagt hast? Wie macht man Konversation?

Dann waren da auch die „Überempfindlichkeiten", die sich so oft zeigen, zu den unpassendsten Zeiten und an den unpassendsten Orten. Zum Beispiel: Eine Freundin und ich gingen spazieren und, während unseres Spaziergangs sah ich eine Grube mit aufgeworfener Erde vor einem Neubau. Meine Freundin sagte: *„Ich frage mich, was da wohl hinkommt."* Meine Reaktion? *„Hoffentlich ist es kein Massengrab."* Warum sollte es eins sein? Warum? Aber es war meine erste, instinktive Reaktion. Außer dem, was ich sage, sind da auch noch die Dinge, die ich sehe. In New York war ich in einem öffentlichen Bus unterwegs und sah ein Ladenschild, auf dem stand, wie mir schien: „Ketten." *„Warum sollte irgendjemand Ketten verkaufen? Wollen sie jemanden anketten? Wollen sie Leute in Ketten herumlaufen lassen?"* Tatsächlich hatte vor dem Schaufenster eines Juwelierladens gestanden: „Verkauf von Halsketten." Im gleichen Bus sah ich einen Mann hereinkommen, einen neuen Fahrgast, der eine schwarze Aktentasche in einer Hand und etwas Längliches unter dem anderen Arm trug. Ich warf einen Blick auf ihn und war sofort zu Tode erschrocken: *„Oh, mein Gott, er hat eine Waffe!"* Ich rutschte in meinem Sitz nach unten, versuchte, mich zu verstecken, konnte es aber nicht. Ich war mir sicher, dass er mich erschießen würde. Er tat es nicht. Was war die Waffe? Ein zusammengerollter Regenschirm!

Reaktionen wie diese machen dir das Leben nicht leichter. Sie sorgen dafür, dass du ständig wie auf Zehenspitzen gehst, dich in einem Zustand fast ständiger Wachsamkeit befindest und auf alles achtest, was um dich herum vor sich geht. Das verschafft dir keinen Seelenfrieden. Und das ist eine Folge der früheren Wut und Angst: Es fällt mir extrem schwer, mir keine Sorgen zu machen, die Zeit mit Freunden zu genießen und abzuschalten. Ich kann ich nicht erinnern, als Teenager jemals wirkliche Freude empfunden zu haben. Natürlich gab es erfreuliche Ereignisse wie Geburtstage oder in die nächste Klasse versetzt zu werden oder Leute, die zu Besuch kamen. Aber eine Freude, die bleibt? Ich erinnere mich nicht an eine einzige aus dieser Zeit. Es gab also kein wirkliches Glück. Ich hatte zu große Angst, dass es mir auf irgendeine Weise wieder weggenommen würde, also wagte ich nicht, mich zu freuen. Ja, natürlich war ich froh über eine gute Note, aber ich hatte auch Angst, dass ich sie ruinieren würde, indem ich das nächste Mal zu viele Fehler machte. Ich war viel, viel zu sehr vertraut mit dem Gefühl der Angst und der Wut. Die kannte ich. Ich wusste, was sie mit mir machten. Aber ich hatte keine Ahnung, was Freude und Glück mit mir machen würden. Und ich wagte nicht, es zu versuchen. Also fanden mich meine Schulkameradinnen „zu ernst" oder „zu langweilig". Das ging bis zur Universität so weiter, und auch später noch. Es änderte sich erst nach 1985, als ich die erwähnte Therapeutin fand und daran arbeitete herauszufinden, dass Freude okay ist, und Glück auch, sogar für eine wie mich, die als Kind den Holocaust überlebt hatte.

Unglücklicherweise ist Wut noch immer mein vorrangiges Gefühl. Aber wenigstens existieren die anderen Gefühle jetzt, und ich akzeptiere sie. Das ist ein Fortschritt.

CARE-PAKETE UND ANDERE DINGE

Von der Zeit an, als ich in der Grundschule war, und während meiner gesamten Jahre am Gymnasium haben wir Care-Pakete erhalten. Wie erwähnt, war in Holland nicht viel zu bekommen, und US-Amerikaner fingen an, uns Care-Pakete zu schicken. Care war 1945 gegründet worden. 22 Organisationen aus den USA kooperierten seinerzeit, um möglichst schnell lebensrettende Care-Pakete an Überlebende des Zweiten Weltkrieges zu schicken. Diese Organisation war von Anfang an als CARE bekannt. Ursprünglich stand der Name 1945 für *Cooperative for American Remittances to Europe.* Heute dagegen steht das Akronym für *Cooperative for Assistance and Relief Everywhere, Inc.* Zu Beginn handelte es sich um eine Organisation, durch man Pakete mit dringend benötigten Lebensmitteln und anderen Dingen an Familien in Europa schicken konnte, die nach dem Krieg nichts mehr hatten. Irgendwann konnten amerikanische Familien eine Familie irgendwo in Europa „adoptieren", an die sie regelmäßig Päckchen schicken konnten. Also wurden wir von einer amerikanischen Familie „adoptiert", die uns nicht nur Luxusgüter wie Kaffee und Zucker, sondern auch und vor allem Kleidung, Seife, Zahnpasta und solche Dinge schickte. Die amerikanische Familie muss drei Töchter gehabt haben, denn alle Kleidungsstücke, die ich aus ihren Paketen bekam, waren dreifach vorhanden, in drei verschiedenen Größen. Ich bekam drei unterschiedlich große Röcke, drei Blusen, drei Pullover und so weiter. Auch meine Mutter bekam Kleidungsstücke, nur mein Vater nicht, entweder weil der amerikanische Familienvater nicht dieselbe Konfektionsgröße wie mein Vater hatte oder weil es keinen Vater mehr gab. Ich weiß es nicht. Aber ich weiß, dass in einer der ersten Sendungen ein Rock war, blauweiß kariert, der mit mir wuchs. Ich trug ihn in der Grundschule im Alter von zwölf und trug ihn immer noch, als ich mit sechzehn aufs Amsterdams Lyceum ging. Und auch ein paar Pullover wuchsen mit mir. Einer war dunkelrosa und einer dunkelgrün. Es war natürlich das gleiche Modell und dieselbe Marke, aber es waren unterschiedliche Größen und Farben. An den dritten Pullover erinnere ich mich nicht, vielleicht haben wir ihn an jemand anderen weitergegeben. Aber den pinkfarbenen und den grünen fing ich an zu tragen, als ich etwa dreizehn Jahre alt war, und ich hatte und trug sie immer noch mit einundzwanzig. Für mich waren das natürlich neue Kleidungsstücke. Und nach dem Krieg, als wir buchstäblich nichts zum Anziehen hatten außer dem, was wir auf dem Leib trugen, als wir aus dem Lager zurückkehrten, waren diese Sachen wirklich willkommen. Sie unterschieden sich sehr von der Kleidung, die damals in Holland getragen wurde. Die Pullover waren viel bunter als die holländische Kleidung, und die Muster waren anders. Für mich waren sie neu und exotisch und aufregend, und ich liebte sie. Bei einer der Blusen stand ein Name auf einer Ecke des Kragens: Sue. Ich hatte damals keine Ahnung, dass es ein Vorname war, wie man ihn betonte und was er bedeutete, aber er war anders und kam von weit her, er war exotisch und etwas Neues für mich.

„Mami?"

„Ja?"

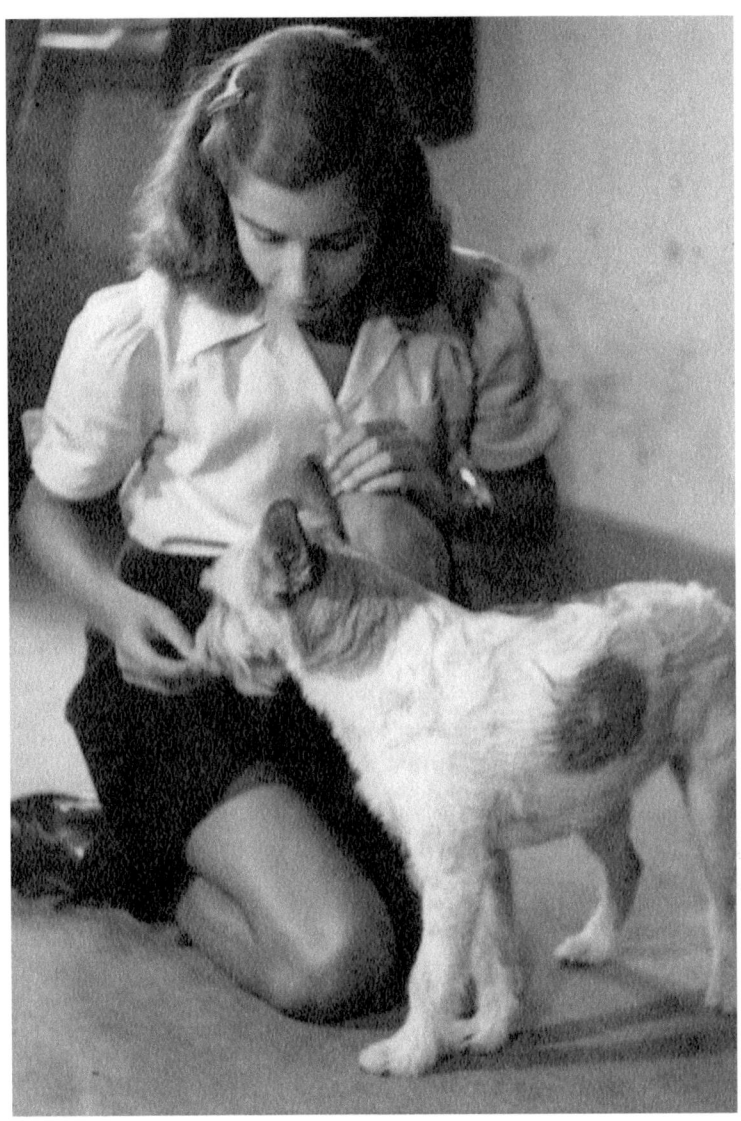

Gabriele 1947 im Alter von vierzehn.

„Was bedeutet das Wort? Und wie spricht man das aus? Warum steht das auf dem Kragen?"
„Ich weiß es nicht. Ich habe das noch nie gesehen, also weiß ich auch nicht, wie man das betont. Es könnte ein Name sein."
„Aber warum würde ein Name auf dem Kragen stehen? Wenn das Mädchen in meinem Alter ist, weiß sie doch, wie sie heißt!"

Ich weiß bis heute nicht, warum der Name auf der Bluse stand, und fand damals nicht heraus, wie man ihn aussprach. Irgendwann, etwa fünf Jahre später, als es mehr zu kaufen gab, bekam ich tatsächlich wirklich neue Kleidungsstücke, Kleidung, die speziell für mich gekauft worden war. Ich erinnere mich an zwei Kleider: Das erste haben wir in einem Laden gekauft, der Freunden meiner Eltern gehörte, die ich „Oom", Onkel, und „Tante" nannte, wie es damals in Europa üblich war. Das Kleid, das ich mir aussuchen durfte, hatte horizontale und vertikale Streifen in unterschiedlichen Farben auf gelbem Grund. Es war aus Wolle und hatte kurze Ärmel. Ich nannte es das „Tante Suse Kleid", weil wir es bei Tante Suse gekauft hatten und weil es vornehm war. Ich dürfte damals nicht viel von diesem Kleid ausgefüllt haben, denn ich hatte es immer noch, als ich einundzwanzig war. Ich hatte es bekommen, als ich ungefähr siebzehn war. Es war das erste brandneue Kleid, das ich hatte, und das war aufregend und wundervoll. Das andere war, in meinen Augen, sehr modisch: Es hatte einen dunkelbraunen Faltenrock, und das Oberteil war beige mit dunkelbraunen Blumen, die diagonal über die Brust genäht waren. Ich muss dieses Kleid auch sehr lange behalten haben, weil ich mich daran erinnere, mein erstes Paar hochhackiger Schuhe dazu getragen zu haben.

Obwohl ich augenscheinlich heranwuchs, war ich nicht so erwachsen, wie es schien. Wie erwähnt, sprachen meine Eltern nicht über den Krieg und diskutierten nicht über diese Zeit. Sie sagten mir, ich solle an die Zukunft denken, und hielten mich an, hart für die Schule zu arbeiten. Aber als ich fünfzehn war und anfing, mit den Nachbarskindern auf der Straße zu spielen, hinderten sie mich nicht daran. In Amsterdam spielten Kinder immer auf der Straße, wenn sie keinen Garten hatten, und die wenigsten Häuser hatten einen. Ich hatte vor dem Krieg auf der Straße gespielt und tat es jetzt wieder. Meine Spielkameraden waren damals etwa sechs bis zehn Jahren alt. Sie wussten, dass ich älter war. Ich wusste, dass ich älter war. Aber das war uns egal. Nach den ersten paar Malen kamen die Kinder zu uns, klingelten und fragten dann, was wir immer fragten:

Mag Gaby buiten spelen? Kommt Gaby raus zum Spielen?

Wir spielten, was Kinder seit undenklichen Zeiten gespielt haben: Verstecken, Fangen, Seilspringen, Kreisel, Ballspiele und einiges mehr. Eigentlich spielten Fünfzehnjährige nicht mehr auf der Straße, noch spielten sie solche Spiele, das waren Kinderspiele, aber ich genoss es, und ich genoss es, mit den Kindern zusammen zu sein. Ich war nicht die Anführerin, ich war einfach nur eine von ihnen. Versuchte ich, meine Kindheit wiederzufinden? Vielleicht, aber das war mir damals nicht klar. Es fühlte sich einfach richtig an. Genauso spontan, wie es angefangen hatte, endete es nach etwa sechs Monaten. Meine Eltern verloren damals kein Wort darüber. Vielleicht hätten sie etwas gesagt, wenn ich keine Freundinnen und Freunde in meinem Alter gehabt hätte, aber ich hatte welche, meine Klassenkameradinnen und einige Kinder der Freunde meiner Eltern. Vielleicht sahen meine Eltern also kein

Problem darin, dass ich draußen spielte, solange ich auch meine Hausaufgaben erledigte.

DIE REISE NACH LUGANO

In einem Sommer, während meiner Jahre am Lyzeum, arrangierten meine Eltern für die Zeit der Ferien für mich eine Reise nach Lugano im italienischen Teil der Schweiz. Warum Lugano? Weil meine Tante Ulle, die Schwester meiner Mutter, dort lebte und ein Auge auf mich haben konnte. Tante Ulle war 1939 von der Firma, für die sie in Berlin arbeitete, nach Lugano geschickt worden. Alle Beschäftigten sollten eine Zeit in der Niederlassung in Lugano verbringen, und 1939 war meine Tante Ulle an der Reihe. Als sie nach Berlin hätte zurückkehren sollen, ging sie nicht zurück, weil die Lage dort, unter Hitler, zu gefährlich war. Sie blieb illegal in Lugano, fand irgendeinen Job und blieb schließlich für den Rest ihres Lebens dort und erhielt irgendwann die Schweizer Staatsbürgerschaft.

Dieser Besuch bei ihr sollte gleichzeitig eine Art Austausch sein. Ich wohnte bei einer Italienisch sprechenden Familie und im nächsten Sommer kam der Sohn meiner Gastfamilie dann zu uns nach Amsterdam. Wie zuvor bei der Reise nach Dänemark war ich nicht gefragt worden, ob ich gehen wollte. Es wurde über mich bestimmt. Und auch diesmal wollte ich nicht gehen. Es war eine weitere Trennung, und wie alle Trennungen machte sie mir Angst. Was, fragte ich mich, falls meinen Eltern etwas zustieß und ich in Lugano bleiben musste? Wieder würde ich eine andere Sprache und andere Sitten und Gebräuche lernen müssen.

Dieses Mal aber flog ich. Freunde meiner Eltern hatten einen Sohn, ein paar Jahre jünger als ich, und Peter und ich reisten zusammen. Das Erste, was passierte, war, dass Peter sein Flugticket verlor. Man hatte mir gesagt, dass ich für ihn verantwortlich war – ich war gerade einmal vierzehn –, und so dachte ich natürlich, dass es mein Fehler war, dass er das Ticket verloren hatte. Es kam mir nicht in den Sinn, dass er sich einfach nicht daran erinnerte, wohin er es gesteckt hatte, denn weil ich für ihn verantwortlich war, war es ganz offenbar mein Fehler. Irgendwann fand Peter jedenfalls heraus, dass er das Ticket verlegt und nicht verloren hatte. Ich atmete vor Erleichterung auf.

In Zürich sollten wir zwei von der Familie, bei der Peter wohnen würde, und von meiner Tante abgeholt werden. Nun, als wir zum Züricher Flughafen kamen, war seine Gastfamilie da, aber meine Tante nicht. Ich hielt überall nach ihr Ausschau. Ich kannte sie noch aus Berlin, und weil sie uns im Jahr zuvor in Amsterdam besucht hatte, wusste ich, wie sie inzwischen aussah. Es war niemand zu sehen. Immer mehr Menschen verließen den Flughafen, und irgendwann mussten Peter und seine Familie auch gehen. Und da war ich, allein in einem fremden Land, ohne die geringste Ahnung, wie man nach Lugano kam. Irgendwann tauchte meine Tante auf und sagte, sie habe ihren Zug verpasst.

Wir stiegen in den Zug nach Lugano, und die Reise wurde fortgesetzt. Die Fahrt von Zürich nach Lugano dauerte damals vier Stunden mit dem Zug. Wir unterhielten uns die ganze Zeit, und irgendwann begegnete uns ein Zug,

Links: Gabriele 1947 im
Alter von 14.

Unten: Gabriele 1950 im
Alter von 17.

der auf einem anderen Gleis vorbeifuhr. Am Ende dieses Zuges hingen ein paar Viehwaggons. Tante Ulle fing an, mir zu erklären, wozu diese Waggons benutzt wurden, und zu ihrer Überraschung, und ich nehme an, zu ihrem Schrecken, sagte ich:

„Oh, ich weiß, was das ist. Wir sind in Viehwaggons gefahren, als wir in die Lager gebracht worden sind."

Danach war meine Tante lange still.

Nach unserer Ankunft in Lugano blieb ich ein paar Tage bei ihr, bevor sie mich zu meiner Gastfamilie brachte. Ich erinnere mich nicht daran, was wir in diesen Tagen unternommen haben, nur daran, dass sie mich an einem Tag an einen Ort mitnahm, den wir heute Supermarkt nennen. So etwas hatte ich noch nie gesehen! Er war so groß und so hell und so sauber. Und all dieses Essen! Holland war immer noch völlig arm, und die Läden hatten nicht viel zu verkaufen. Wir hatten Lebensmittelkarten, aber man bekam nichts dafür. Hier in Lugano gab es nicht nur keine Lebensmittelkarten, sondern auch einen Markt, der aus allen Nähten quoll, der voll war mit Lebensmitteln. Die meisten davon kannte ich nicht einmal, hatte sie nie zuvor gesehen.

„Was für ein großer Laden! Und so viel zu essen! Man könnte ein ganzes Lager mit all dem hier ernähren, und niemand würde Hunger leiden! Warum gibt es so viel? Wer braucht so viel zu essen? Musst du dir etwas aussuchen? Und wie machst du das? Woher weißt du, was du willst? Was ist der Unterschied zwischen zwei Sorten Fleisch? Woher weißt du, welches Gemüse du nehmen sollst? Da haben wir es Hause im Grunde leichter, weil man einfach nimmt, was da ist."

Meine Tante wollte mir eine Tafel Schokolade kaufen, aber ich gab ihr nicht einmal eine Antwort. Ich war stumm vor Angst, dass ich etwas aussuchen musste, und wusste nicht, was ich tun sollte. Also wählte sie einfach eine große Tafel. Was mir in dem Markt Angst machte, war tatsächlich die Freiheit. Die Freiheit, sich etwas auszusuchen, das dazulassen, was man nicht will, zu kaufen, was man will. Und die Tatsache, dass es so eine Vielzahl von Dingen gab. Ich erinnerte mich nicht daran, jemals ein Geschäft wie dieses gesehen zu haben, das von Waren überquoll. Offenbar war dies ein Land des Überflusses – aber ich konnte das noch nicht verstehen. Meine Wahrnehmung war noch von der Zeit im Lager geprägt, auch wenn sie schon zwei Jahre zurücklag.

Am nächsten Tag nahm mich Tante Ulle mit zu der Familie, die mich für die nächsten paar Wochen bei sich aufnehmen sollte. Als sie mich dort ablieferte, nahm sie die Tafel Schokolade und sagte der Gastmutter und ihrer Tochter, dass es mir eine Freude wäre, diese Tafel mit ihnen zu teilen. Ich wagte nichts zu sagen, doch ich war kein bisschen froh darüber, die Schokolade mit anderen zu teilen. Sie hatte sie für *mich* gekauft, es war *meine*, und ich wollte sie *nicht* teilen. Aber ich traute mich nicht, das zu sagen, weil man Erwachsenen nicht widersprach. Mir war beigebracht worden, dass das nicht recht war. Also sagte ich nichts, und ich teilte, aber es machte mich zornig. Bis dahin hatte ich niemals etwas besessen, das ich teilen konnte oder sollte, also war dies auch etwas Neues für mich.

Im Jahr 2000 schrieb ich ein Gedicht über Marken und darüber, was wir damit tun konnten und was nicht. Ich füge es hier ein:

NACH DEM KRIEG

Vor dem Krieg
war ich zu klein:
ein kleines Kind von sechs Jahren.
Ich erinnere mich nicht
an die Zeit vor dem Krieg,
als es alles in Hülle und Fülle gab.
Ich erinnere mich nur an Kriegsjahre
und an die Zeit danach,
als es nichts gab.

Nach dem Krieg,
als die Zeiten wieder „normal" waren,
hatten meine Mami, mein Papi und ich
Fleischmarken,
aber es gab kein Fleisch,
Eier- und Milchmarken,
aber Eier und Milch existierten nicht,
Marken für „Textilien",
aber es gab keine Kleider für Mami,
keine Anzüge für Papi, keinen Mantel für mich
in den leeren Läden.

Wir hatten Marken für Zucker,
aber Zucker war nirgends zu bekommen,
auch keine Schokolade oder Süßigkeiten
für uns Kinder.
Wir hatten Marken für alles,
aber Geld für nichts,
und nichts war erhältlich
in den leeren Läden.

Nach dem Krieg
hatte ich Kleider,

aus denen ich herausgewachsen war,
Mami und Papi trugen Kleidungsstücke,
die zerschlissen waren,
aber wir hatten nichts, um sie zu flicken.
Wir erhielten CARE-Pakete,
und ich bekam alles dreifach:
drei Röcke, drei Blusen, drei Pullover,
alle gleich, außer in der Größe.
Ich trug die kleinste Größe mit zwölf,
die größte mit einundzwanzig,
und war froh, sie zu haben.
Ich hatte ein rotkariertes Partykleid
aus raschelndem Taft.
Es war von einem kleinen Mädchen wie mir,
das, anders als ich, im Krieg gestorben war.
Ihr Kleid kam in die „Kleiderkammer"
von Theresienstadt,
und von dort hatte ich es,
bezahlt mit Jahren der Haft.
Ich trug es viele Jahre,
weil ich es so liebte.

Wir hatten keine Marken für Spielzeug
und keinerlei Spielzeug für mich,
bis meine Tante zwei Jahre später zu Besuch kam
und mir ein Netz mitbrachte
mit drei roten und gelben Hüpfbällen.
Ein Spielzeug für eine Sechsjährige.
Ich war hocherfreut!
Ich war vierzehn!

Wir hatten keine Marken für Verwandte,
und wir hatten keine Verwandten mehr:
Ich hatte keine Großeltern mehr,
weder Großonkel noch Großtanten,
keinen einzigen Cousin und keine Cousine.

Sie waren alle ermordet worden,
und selbst wenn solche Marken für Verwandte
existiert hätten,
und selbst wenn wir sie gehabt hätten,
hätte es keine Verwandten gegeben,
denn sie waren tot, wir hatten sie für immer verloren.

Wir hatten keine Marken für Freundlichkeit,
trotzdem gab es viel davon:
Unsere Nachbarn, eine vierköpfige Familie,
nahm uns mit offenen Armen auf,
fand Platz für uns in ihrer Wohnung,
Platz an ihrem Tisch,
streckte ihre kargen Vorräte,
um drei Mäuler mehr zu stopfen,
und schaffte es immer
und beklagte sich nie.
Sie waren die wahren Helden.

Wir hatten keine Marken für Bildung,
für Lernen, Lesen, Studieren,
aber Unterricht gab es in Hülle und Fülle,
im fünften Schuljahr, als ich zwölf war,
Nachhilfestunden durch einen Tutor,
ein Versuch, verlorene Zeit aufzuholen,
aber es war vergebens.
Verlorene Zeit bleibt verloren.

Heute
haben wir keine Marken für Erinnerungen,
aber wir haben Erinnerungen in Hülle und Fülle,
keine Marken für Schmerz
oder für heutige Reaktionen auf das Erlebte.
Und doch sind die Schmerzen und die Reaktionen
zahlreich.

Keine Marken für Wut,

und doch ist unsere Wut groß und heftig,
heiß brennend, beißend wie Säure,
immer bei uns,
die einzige Begleiterin, die wir nicht wollen.

Ich hatte einige Schwierigkeiten in Lugano, weil nur die Gastmutter ein bisschen Deutsch sprach, und ich sprach kein Italienisch. Der Sohn, der etwas später nach Amsterdam kam, um bei uns zu wohnen, sprach nur ganz wenig Deutsch. Der Vater und die Schwester sprachen überhaupt kein Deutsch. Sowohl der Sohn als auch die Tochter waren älter als ich, die Tochter ungefähr ein Jahr und der Sohn vielleicht zwei oder drei Jahre. Er war also siebzehn, während ich vierzehn war, und hatte kein Interesse daran, sich mit mir anzufreunden. So wenig, wie ich gefragt worden war, ob ich an dem Austausch teilnehmen wollte, waren er oder seine Schwester gefragt worden. Ich bezweifle, dass sie versessen darauf waren, eine Fremde bei sich zu Hause zu haben, die mehr oder weniger nicht mit ihnen sprechen konnte. Das Mädchen war ungefähr fünfzehn und sehr viel weiter entwickelt als ich, sowohl körperlich als auch mental. Ich muss auf sie wie ein richtiges Kind gewirkt haben. Auch sie machte nicht den Versuch, nett zu sein. Und ich ebenfalls nicht, weil ich nicht wusste, wie das ging.

Ich blieb etwa sechs Wochen bei der Familie und kehrte dann heim, wieder mit dem Flugzeug, aber dieses Mal, ohne für jemand anderen verantwortlich zu sein. Ich erinnere mich nicht mehr daran, wie Peter heimkam. Ich wusste nur, dass ich froh war, zu Hause zu sein, wo ich mich verständlich machen konnte und wo ich jeden verstand. Ich konnte noch einmal versuchen, die früheren Wurzeln nachwachsen zu lassen, die ich in Amsterdam geschlagen hatte. Ich war zu Hause, wo ich hingehörte.

EDITH

Nach Amsterdam zurückzukehren, war wieder eine große Umstellung: vom Leben im Überfluss zu einem Leben mit fast nichts. Es war 1947 oder 1948, und Holland hatte sich noch nicht vom Krieg erholt. Es sollte noch lange Jahre dauern, bis sich das Land und das Volk wirklich erholt hatten – falls wir es jemals taten. Lebensmittelkarten sollte es noch bis mindestens 1950 geben, und lange Zeit gab es in den Läden kaum etwas. Aus der Schweiz, wo man mich die ganze Zeit zum Essen genötigt hatte, nach Holland zurückzukommen, wo es praktisch nichts gab, war eine extreme Veränderung.

Vielleicht ist jetzt eine gute Gelegenheit, über meine Freundin Edith zu sprechen. Wie schon erwähnt, kannten wir uns seit dem Kindergarten. Wir waren gemeinsam in dem Montessori-Kindergarten gewesen, in dessen Nähe wir beide gewohnt hatten. Aber als kleine Kinder waren wir nicht befreundet gewesen. Ich erinnere mich zum Beispiel nicht daran, zum Spielen bei Edith zu Hause gewesen zu sein. Ich erinnere mich nicht daran, dass sie zu uns gekommen wäre oder dass wir auf der Straße zusammen gespielt hätten. Meine beste Freundin war damals Carla, die über uns wohnte. Nach dem Krieg war mir Carla in der Schule um zwei Jahre voraus – anders als ich hatte sie keine Zeit verloren – und in mehr als einer Hinsicht reifer als ich. Sie hatte Freundinnen in ihrer

Schule gefunden, und ich begann auch, neue Freundschaften zu schließen, wenn auch sehr langsam. Ich
kannte Edith auch aus der Grundschule, aber auch damals
war sie nicht wirklich meine Freundin gewesen. Unsere
Schule hatte drei sechste Klassen, weil so viele Kinder
nach dem Krieg zurück in die Schule kamen. Es ergab
sich, dass Edith in einer der sechsten Klassen war und ich
in einer anderen. Aber sie fiel mir auf, weil sie während
des Krieges an Kinderlähmung erkrankt war und deshalb
eine große Metallschiene an einem Bein trug. Sie konnte
nicht gut gehen und fuhr auf einem kleinen, knallroten
Kinderfahrrad zur Schule.

Als wir beide die Grundschule abgeschlossen hatten,
fanden wir uns in der gleichen Klasse am Amsterdams
Lyceum wieder. Es gab verschiedene Bereiche für die
Anfangsklassen – etwas Ähnliches wie die Orientierungs-
stufe in Deutschland. Inzwischen hatte Edith ein richtiges
Erwachsenenrad, und ich auch, also fuhren wir gemeinsam zur Schule. Wir wurden schnell Freundinnen und
begannen, Zeit miteinander zu verbringen und gemeinsam zu lernen. Um es gerecht aufzuteilen, lernten wir
einen Abend bei ihr zu Hause, dann den nächsten Abend
bei uns. Im Winter war mein Zimmer, das an der
Nordostecke des Wohnblocks lag, bitterkalt. Es hatte eine
sehr kleine Heizung, aber in diesen ersten Nachkriegs-
jahren gab es noch keine Kohle, also auch keine Wärme.
Also legte ich mich ins Bett, unter warme Decken, und
Edith trug so viele Schichten Kleider, wie sie besaß. Am
nächsten Abend war es andersherum, und ich trug so
viele Schichten, wie ich hatte, und Edith kuschelte sich
ins Bett.

Edith war Jüdin, eine Holocaustüberlebende wie ich. Sie
verbrachte den Krieg versteckt in einem Konvent, wo die

Nonnen sich während ihrer Kinderlähmung um sie gekümmert hatten. Also waren wir beide Child Survivors, und man würde denken, wir konnten miteinander über das sprechen, was wir durchgemacht hatten. Wir taten es nicht. Ich nehme an, das war so, weil uns beiden beigebracht worden war, niemals darüber zu reden. Ich wusste, dass sie in einem Versteck gewesen war. Sie wusste, dass ich in den Lagern gewesen war. Aber das war alles. Niemals fragten wir einander nach Einzelheiten oder sprachen über irgendetwas aus dieser Zeit. Wir unterhielten uns über unsere Fächer, wir verglichen unsere Noten, wir fragten uns gegenseitig ab, wir sagten auf, was wir auswendig lernen sollten. Es gab eine gewisse Menge an „Mädchengesprächen", wir redeten über die Jungs in unserer Klasse und über andere Jungs – wir kannten nicht wirklich viele. Wir unterhielten uns übers Schwimmen, das wir beide liebten, und über die Tanzschule, die ich hasste. Ich erinnere mich nicht mehr, was sie darüber dachte. Aber über den Krieg, ihre Erfahrungen mit dem Untertauchen, meine Erfahrungen aus den Konzentrationslagern, verloren wir kein Wort. Sehr viel später habe ich in einem Newsletter eines holländischen Überlebenden das Folgende gelesen: „Wenn du still sein musst, existierst du dann wirklich?" Für mein Verständnis: nein. Wenn du still sein musst, wenn du Dinge ungesagt lassen musst, unbesprochen, existierst du nicht wirklich. Nur eine Hülle existiert, aber der größere Teil von dir ist woanders. Der größere Teil von dir, der wichtigste Teil, ist ein Schatten. 1985 habe ich genau darüber eine Geschichte geschrieben, über einen Schattenmenschen. Obwohl die Geschichte von mir handelt, schrieb ich sie in der dritten Person, weil ich noch nicht gelernt hatte, mich meiner Vergangenheit zu stellen.

SCHATTEN

Es war einmal ein Schatten. Es war kein gewöhnlicher Schatten, kein Schatten wie jeder andere. Nein, dies war ein *Schatten*. Der Name des Schattens war schlicht und einfach „Schatten", nichts davor und nichts dahinter. Schatten wusste, dass sie früher einmal ein Mädchen gewesen war, aber das war zu lange her, und sie konnte sich nicht daran erinnern, wie es sich angefühlt hatte. Jetzt war sie körperlos, fließend. Sie hatte einst eine Substanz gehabt, aber sie hatte sie irgendwie verloren, und sie konnte sich nicht daran erinnern, wie es sich angefühlt hatte. Von dieser Zeit an fühlte sie sich, als wäre sie durchsichtig. Schatten war die Einzige, die es wusste. Die Welt, in der sie lebte, sah in ihr keinen durchsichtigen Schatten. Manchmal versuchte sie sich vorzustellen, wie es sich angefühlt hatte, Substanz zu haben, aber sie konnte es nicht, es war zu schwer. Und sie nahm wahr, dass die Leute um sie herum Substanz hatten, dass sie solide und wichtig waren und einen Schatten hatten, der auftauchte und dann wieder verschwand. Aber Schatten war immer ein Schatten, es war alles, was sie war, ihr eigentliches Selbst.

Sie beschloss, dass sie versuchen würde, eine Substanz zu finden. Sie war immer noch ziemlich klein, aber wenn sie ihren Eltern gehorchte, würde sie vielleicht ihre verlorene Substanz wiederfinden. Also versuchte sie, sehr brav zu sein, sagte „bitte" und „danke", wenn es erforderlich war,

119

ging ins Bett, wenn man es ihr sagte, und aß immer ihren Teller leer. Sie deckte den Tisch und trocknete ab, ohne jemals Geschirr zu zerbrechen. Sie zog sich an, wie sie sollte, und lernte fleißig für die Schule. Sie lernte zu schreiben und zu lesen. Sie las jede Menge Bücher und entdeckte Märchen und Hexen und Zauberer. Sie schrieb Aufsätze und versuchte, Arithmetik zu verstehen, aber nichts davon half, sie blieb ein Schatten.

Dann fing sie an, nach einer guten Fee zu suchen, die ihr helfen konnte. Sie suchte in den Straßen ihres Viertels, auf einer Wiese, die sie kannte, und in einem Wald in der Nähe der Stadt. Aber sie fand keine. Sie versuchte, weiter ein braves Mädchen zu sein, ging in die Tanzschule, zu der man sie schickte, die sie aber nicht mochte, und zum Schwimmunterricht, den sie mochte. Sie lernte, Fahrrad zu fahren. Sie bekam eine Urkunde für das Schwimmen und eine dafür, dass sie wusste, wie man im öffentlichen Straßenverkehr Fahrrad fährt. Sie erhielt auch eine Urkunde, als sie die Grundschule abgeschlossen hatte. Sie wickelte sich in diese Urkunden ein, in der Hoffnung, dass sie ihr Substanz gaben. Aber wenn sie sich ansah, war sie doch nur Schatten.

Sie ging auf weitere Schulen und lernte noch viel mehr Dinge. Sie fand ein paar Freundinnen und radelte mit ihnen zum Strand oder zum Kino. Einmal gab sie sogar ein Fest für ihre Klasse bei sich zu Hause. Aber nichts davon veränderte sie. Sie war und blieb Schatten. Auch als sie noch mehr Abschlüsse machte und sich in die Urkunden wickelte, wusste sie, dass nichts davon ihre Sehnsucht stillen würde. Die Substanz, die sie suchte, war schwer zu fassen.

Schatten erlernte einen Beruf, in dem sie sehr gut war. Sie arbeitete hart und hatte Freude an dem, was sie tat.

Sie reiste in andere Länder, und wohin sie auch ging, hielt sie Ausschau nach der guten Fee, die ihr helfen konnte, und weitete ihre Suche auf Magierinnen und Zauberer aus. Manchmal dachte sie, sie hätte einen gefunden, doch wenn sie dem Zauberer erzählte, was sie brauchte, stellte er sich immer als falscher Zauberer heraus, der ihr nicht helfen konnte. So blieb sie Schatten.

Die Freundinnen und Freunde, die sie gefunden hatte, mochten sie und schienen nicht zu bemerken, dass irgendetwas fehlte. Aber Schatten wusste selbst, was ihr fehlte und dass sie ohne einen Kern niemals ein echter Mensch sein würde. Sie konnte lachen und sich mit anderen unterhalten, mögen, was sie mochten oder nicht mögen, was sie nicht mochten. Schließlich, weil nichts, dass sie versucht hatte, etwas gebracht hatte, entschied sie sich, ohne Substanze auszukommen und ihre Suche abzubrechen. Sie wickelte sich aus den Urkunden aus und verstaute sie in einer Schublade. Dann lebte sie wie alle anderen. Sie hatte Freundinnen oder Freunde zum Abendessen bei sich oder ging mit ihnen aus. Sie pflanzte Blumen und jätete Unkraut. Sie las die Zeitung, ging einkaufen und war für alles in der Welt nicht von anderen zu unterscheiden. Aber sie war immer noch nur Schatten.

Eines Tages traf sie einen besonderen Menschen, und nach einer Weile heirateten sie. Sie fuhr fort, in ihrem Beruf zu arbeiten, sie trafen jetzt mehr Freunde, sie gingen zusammen einkaufen, pflanzten gemeinsam Blumen und jäteten gemeinsam Unkraut. Sie lebten zusammen wie alle anderen, und nach einer Weile wurde Schatten bewusst, dass sie nicht länger so durchsichtig war. sie hatte ein wenig Substanz gewonnen, aber sie fühlte immer noch, dass sie keinen Kern hatte. Ihre Ehe hielt viele Jahre, aber sonst änderte sich nichts, und sie blieb immer noch nur Schatten.

Eines Tages wurde sie zu einem besonderen Ereignis eingeladen. Dort traf sie, zu ihrer großen Überraschung, eine echte Zauberin. Sie erkannte es nicht sofort, weil sie schon so ziemlich aufgegeben hatte, nach guten Feen oder Zauberern Ausschau zu halten. Echte Zauberer sehen wie andere Leute aus, und deshalb sind sie so schwer zu finden. Es ist nicht leicht, weil Magier in aller Stille und oft im Geheimen arbeiten. Sie haben ihre eigene Art, etwas zu tun. Einige Zeit später wusste Schatten, dass es eine echte Zauberin war, weil sie die Durchsichtigkeit erkannte. Also nahm Schatten all ihren Mut zusammen und bat die Zauberin um Hilfe bei der Suche nach ihrer Substanz. „Ja, ich kann dir helfen", sagte die Zauberin, „aber du musst mitarbeiten. Ich kann dir den Weg zeigen, aber du musst ihn gehen." So kam es, das Schatten auf diesem Weg einen kleinen Schritt nach vorne machte. Und dann noch einen kleinen Schritt. Die Zauberin zeigte ihr nicht gleich den ganzen Weg. Schatten würde große Schwierigkeiten gehabt haben, diesem Weg zu folgen. Aber jedes Mal zeigte die Zauberin ihr ein neues Stück des Weges, und Schatten versuchte es zu gehen. Es gelang ihr nicht immer. Manchmal konnte sie den Weg nicht erkennen. Manchmal sah sie nur grauen Nebel. Sie stolperte gelegentlich oder verlief sich. Und dann wieder kam sie besser voran, als sie gedacht hätte. Sie fand heraus, dass der Weg lang war und dass es viele Hindernisse zu überwinden gab.

Eines Tages wird es keinen grauen Nebel mehr geben und keine Hindernisse mehr, und Schatten wird das Ende ihres Weges erreicht haben. Auf diesem Weg wird sie ihre verlorene Substanz gefunden haben, und sie wird nicht länger Schatten sein.

Die Sitzungen mit der „Zauberin" sind lange vorbei, aber ich habe immer noch nicht das Ende meines Weges erreicht. Das Ende der Geschichte ist deshalb vielleicht zu optimistisch: Es gibt häufig grauen Nebel, und der Weg kann sehr schmerzhaft sein und ist es auch oft. Es wird immer Hindernisse geben, Hindernisse, die aus einem Anblick bestehen, einem Geruch, einem Geräusch, das die Vergangenheit sofort zurückbringt. Aber irgendwo entlang dieses Weges habe ich gelernt, dass diese Dinge geschehen können und dass sie nicht mein Leben bestimmen. Ich weiß, woher diese „Hindernisse" kommen, und ich kann sie jetzt in die Vergangenheit zurückschicken, wo sie hingehören. Es wird immer Tage geben, an denen ich „Schatten" bin, und Tage, an denen ich eine Substanz habe. Und die meiste Zeit habe ich heute eine Substanz.

Meine Freundin Edith wohnte immer noch in Holland, als ich dieses Buch schrieb. Zu Beginn meiner Zeit hier in den Vereinigten Staaten hatten wir nicht sehr oft Kontakt, weil wir beide sehr beschäftigt waren. Dank der Computer und der E-Mails korrespondierten wir dann aber regelmäßig. Irgendwann bin ich in einem Sommer zurück nach Holland gefahren, und Edith und ich haben uns wiedergesehen, waren keine Jugendlichen mehr, sondern Frauen mittleren Alters. Aber das war auch das Einzige, was sich geändert hatte. Alles andere war wie zuvor und ist es lange Zeit geblieben, nur dass wir die Telefonate unserer Teenagerzeit durch E-Mails ersetzt haben.

JUGENDJAHRE

Während meiner Jugend war etwas nicht in Ordnung mit mir, was meine Gesundheit anging. Wie erwähnt, hatte ich in den ersten Jahren auf dem Lyzeum eine Blinddarmentzündung und deshalb eine Blinddarmoperation, und Mandelentzündung, also wurden mir auch die Mandeln entfernt. Unglücklicherweise war das nicht alles. Wie in meinen Grundschuljahren fing ich mir alles ein, was im Umlauf war, war häufig krank und verpasste den Unterricht. Vor dem Krieg hatte ich alle damals üblichen Kinderkrankheiten: Röteln, Mumps, Windpocken, Keuchhusten und so weiter. In Westerbork hatte ich Masern. Damit war ich durch, und ich war, von da an, immun. Ich hatte auch Fieber ohne ersichtlichen Grund, das mich aber zwang, zu Hause zu bleiben und das Bett zu hüten. Aber im Alter von fünfzehn hatte ich eine Halsentzündung, die eine rheumatische Arthritis verursachte oder so wurde uns damals gesagt. Als Ergebnis zitterte meine rechte Hand – damals der einzige Teil meines Körpers, der davon betroffen war – und ich konnte nicht deutlich schreiben. Schließlich ging das Zittern weg, aber die Schwellungen und der Schmerz blieben für Jahre. Die rheumatische Arthritis hatte gestreut und andere Teile meines Körpers in Mitleidenschaft gezogen.

Inzwischen hatte ich mich so ziemlich damit abgefunden. Es war einfach etwas, das passierte. Es gab nichts, was ich dagegen tun konnte. Ich konnte meine Hausaufgaben daheim machen. Einmal erlaubte mir ein Lehrer sogar, einen Test zu Hause zu schreiben, als ich wieder krank war. Ich versuchte, so gut es ging, den Anschluss zu behalten. Zusätzlich zu diesen verschiedenen Krankheiten war ich auch noch sehr schüchtern und hielt mich immer noch für hässlich.

Ich bewegte mich ungelenk. Ich hatte das Gefühl, dass meine Arme und meine Beine zu lang waren. Sie schienen immer in einem Winkel abzustehen, und ich stieß ständig irgendetwas um. Ich ging mit den Händen in meinen Taschen, damit die Arme nicht schlenkerten und jemanden verletzten. Das ermöglichte mir auch, nach vorne gebeugt zu laufen, so dass ich kleiner aussah. Ich fühlte mich schwer und ungeschickt, und wusste nie, wie ich stehen oder sitzen sollte. Ich fühlte mich unwohl mit mir selbst.

Meine Brillen und meine Zahnspangen trugen zu diesem Gefühl bei. Selbst wenn ich wieder auf den Beinen war, war ich sehr still und sagte nicht sehr viel, besonders wenn meine Eltern Besuch hatten. In der Schule benahm ich mich ähnlich. Einige meiner Mitschülerinnen mochten Streiche, ein paar von ihnen waren ziemlich laut im Unterricht, eine Reihe von ihnen alberte gern herum und gab gerne an. Ich sprach meist nur, wenn mich jemand ansprach oder wenn ein Lehrer mich aufrief. Die Jahre am Lyzeum waren auch die Jahre, als wir Mädchen anfingen, uns für Jungs zu interessieren, und umgekehrt. Einige der Jungs stopften Eis oder Schnee hinten in den Kragen der Mädchen, die sie am besten fanden, oder versuchten, sie auf andere Weise zu necken. Ich habe niemals verstanden, warum man jemanden, den man so sehr mag, aufziehen oder ärgern muss – aber damals war ich vielleicht auch in dieser Hinsicht zurück. Im Großen und Ganzen fanden mich meine Klassenkameradinnen, wie sie auf Niederländisch sagen, „sloom", also langweilig oder langsam. Ich war mit anderen Dingen auch zurück oder dachte das zumindest. Die meisten Mädchen, die ich kannte, hatten ziemlich früh begonnen zu menstruieren und hielten sich für „junge Frauen". Ihre Körper hatten auch angefangen, sich zu entwickeln.

Ich bin immer noch total flach, so flach wie ein Bügelbrett. Wie kann das sein? Ich bin siebzehn, alle anderen sehen anders aus. Es muss irgendetwas mit meinem Körper nicht in Ordnung sein. Ich frage mich, warum? Die Mädchen reden auch über die „drei Tage" mit Schmerzen und Unwohlsein, wenn sie ihre Periode haben. Ich habe keine. Werde ich jemals meine Tage haben? Was, wenn nicht? Heißt das, ich werde nie erwachsen sein?

Ich sprach mit meiner Mutter darüber, und sie fuhr fort mir zu versichern, dass alles zu seiner Zeit geschieht – aber das half mir überhaupt nicht. Ich konnte nicht verstehen, wie all diese Mädchen, einige um ein paar Jahre jünger als ich, all diese Dinge wissen konnten. Wieder einmal passte ich nicht dazu – jedenfalls kam es mir so vor. Schließlich, im Alter von siebzehn, fing ich an zu menstruieren und fühlte mich unglaublich erwachsen. Ich fand auch heraus, dass meine Klassenkameradinnen nicht alles wussten. Es war keine Frage von drei Tagen, der Schmerz und das Unwohlsein begannen ein paar Tage vor meiner tatsächlichen Periode, hielten die ganze Zeit an, alle sieben Tage, und anstatt mich erwachsen zu fühlen, begann ich schon bald diese Tage zu verabscheuen.

Oh nein, nicht schon wieder! Nicht so bald wieder! Ich fühle mich schrecklich, mein Bauch ist aufgedunsen, und ich habe die ganze Zeit Kopfschmerzen. Mama kann gut sagen, dass „Millionen von Frauen so etwas haben, du kommst darüber weg", und es ist leicht für Papi, mir zu sagen, „so schlimm kann es nicht sein, deine Mutter hatte niemals Schmerzen", aber es ist schlimm, und die Millionen anderer Frauen interessieren mich kein bisschen. Ich bin diejenige, die Bauchweh hat, ich kann ihr Bauchweh nicht fühlen. Sogar Hinlegen hilft nicht. Mein Kopf tut die ganze Zeit weh! Es ist schrecklich!

Anstatt mich erwachsen zu fühlen, eine Frau zu werden, wollte ich nur „all das" hinter mir haben. Ich hasste es und sah keinen Sinn darin. Ich sah keinen Grund, warum es so schmerzhaft sein musste, eine Frau zu werden.

Was, wenn ich keine Frau werde? Warum sollte es für mich einen Unterschied machen? Ich bin nicht einmal sicher, dass ich eine Zukunft habe, warum also sollte eine Frau zu sein einen Unterschied machen? Mami sagt, dass ich dann Kinder haben kann. Aber ich weiß nicht, was ich mit ihnen tun soll. Außerdem, was heißt das: „eine Frau werden"? Heißt das, dass ich erwachsen bin? Ich fühle mich ganz sicher nicht so, und niemand behandelt mich wie eine Erwachsene. Heißt das, ich muss heiraten? Wen? Einen von den Jungs in meiner Klasse? Sie sind bloß Kinder, genau wie ich. Ich weiß nicht, was sie damit meinen: „eine Frau werden".

Mir gingen alle Arten von Fragen durch den Kopf. Ich wusste, dass ich nicht wirklich wusste, wie gespielt wird. Wie konnte ich also mit irgendwelchen künftigen Kindern spielen? Ich war in den Kriegsjahren und in Konzentrationslagern aufgewachsen. Würden meine Kinder auch so aufwachsen? In Theresienstadt hatten mein Freund Hans und ich darüber gesprochen, „nach dem Krieg" zu heiraten. Aber als es „nach dem Krieg" war, war Hans tot oder aus meinem Blickfeld verschwunden.

Wie kann ich mich in jemanden verlieben? Wie ist das überhaupt? Ich liebe Hans, heißt das, dass ich niemanden sonst lieben kann? Wie verliebt man sich? Wie fühlt sich das an? Kann man irgendetwas fühlen? Ich fühle normalerweise nicht sehr viel, wie würde ich also wissen, dass ich verliebt bin? Die Jungs aus meiner Klasse sind bloß Freunde, ich kann nichts anderes in ihnen sehen. Musst du außerdem erwachsen sein, um dich zu verlieben? Ich bin nicht erwachsen. Vielleicht werde ich das nie sein.

Es war nur ein weiterer Punkt, über den ich mir Sorgen machte, eine Sache mehr, die ich nicht ändern konnte. Wenn ich mich nicht verlieben kann, dann wäre das ein weiterer Makel, schien es mir. Damals dachte ich nicht einmal über Heirat oder Romantik oder irgendetwas in der Richtung nach. Ich vermute, ich hielt mich davon fern, sogar in Tagträumen, weil ich keine Ahnung hatte, was es alles einschloss, wie solche Sachen begannen. Ich sah das Necken in der Schule, aber ich sah keine Verbindung dazwischen, dass Jungs Mädchen aufzogen, und darin, dass sie ein Mädchen mochten. Für mich passte das nicht zusammen. Ich wusste aber eins: ich wollte nicht, dass jemand „für mich sorgte", wie es von einer Ehe erwartet wurde. Ich hatte früh gelernt, dass ich nicht darauf und auch auf niemanden zählen konnte, Ich konnte selbst für mich sorgen, dafür brauchte ich niemand anderen, egal, ob es ein Freund war oder ein Ehemann.

Wie ich schon erwähnt habe, hatten mich meine Erfahrungen aus den Lagern zögern lassen, anderen Menschen nahezukommen. Ich hatte Hans nahegestanden, und er war nach Auschwitz geschickt und dort ermordet worden. Ich war Max nahe gewesen, und er war verschwunden. Ich hatte auch Omi Marta nahegestanden, und sie war gestorben. Ich hatte meinen Eltern nahegestanden, und auch wenn sie körperlich noch vorhanden waren, hatten sie sich bis zur Unkenntlichkeit verändert.

Ich hatte auch enorme Schwierigkeiten damit, Abschied zu nehmen, sogar wenn ich nur in die Schule ging. Meine frühen Erfahrungen hatten mich ein für allemal gelehrt, dass du einen Menschen, von dem du dich verabschiedet hast, möglicherweise nie wiedersehen wirst.

Wenn ich heimkomme, werden noch alle da sein? Wird Edith noch da sein, wenn ich sie nach der Schule anrufe? Wenn Papi zu einer Geschäftsreise aufbricht, über die er gesprochen hat, wird er zurückkommen? Wenn nicht, werden wir jemals wissen, was mit ihm geschehen ist? Wenn Edith heimgeht, nachdem wir gemeinsam gelernt haben, wird sie dann morgen auch in die Schule kommen? Wird sie noch da sein?

Als meine Tante, die Schwester meiner Mutter, uns nach dem Krieg besuchen kam, fand ich heraus, dass ich nicht die Einzige war, die Schwierigkeiten mit dem Abschiednehmen hatte. Als sie uns verließ, weinte sie, und sie kam nie darüber hinweg, bis zum Ende dieses Lebens. Sie hatte so große Schwierigkeiten wie ich damals mit dem Abschiednehmen, und ich habe dieses Problem heute noch. Die Jahre haben nichts daran geändert, es fällt mir immer noch schwer, mich zu verabschieden, und das wird vermutlich so bleiben, bis ich sterbe. Das Schlimmste ist aber, wenn jemand stirbt oder für immer weggeht und du dich nicht verabschieden kannst. Das verkrüppelt dich gefühlsmäßig für immer.

Ich liebte Schwimmen und ging oft ins öffentliche Schwimmbad, in dem ich Schwimmen gelernt hatte, als ich noch in der Grundschule war. Dort hatte ich dieselbe Art von Necken beobachtet wie in der Schule, und zu meiner Überraschung schienen die Mädchen solche Streiche zu mögen. In der Reitschule, in der ich Reitstunden nahm, habe ich jedenfalls so etwas nie erlebt. Ich hatte immer Pferde geliebt und pflegte meine Eltern an jedem Geburtstag um ein Pferd zu bitten.

„Mami, bekomme ich ein Pferd zum Geburtstag? Nur ein kleines? Ich werde mich darum kümmern, das verspreche ich."

Die übliche Antwort meiner Mutter war: *„Und wo, denkst du, willst du es unterbringen – im Wohnzimmer? Und wer macht dann hinter dem Pferd sauber?"*

Das hinderte mich nicht daran, weiter davon zu träumen, ein eigenes Pferd zu haben und zu reiten. Meine geliebten Karl-May-Bücher taten ihr Übriges zu diesem Traum. Wenn ich von irgendwas träumte damals, dann davon, ein wildes Pferd zu reiten, einen Mustang genau wie „Old Shatterhand", einer der Helden in den Karl-May-Büchern, ihn ritt. Wenn ich kein Pferd haben konnte – und sogar ich musste zugeben, dass Mutters Argumente Sinn gaben, träumte ich von Reitstunden, davon, wirklich auf einem Pferd zu sitzen, Anweisungen und Kommandos zu geben und zu haben, was ich wollte.

Als ich etwa fünfzehn war, ich weiß nicht, in welchem Alter genau, wurde mir erlaubt, Reitstunden zu nehmen. Mein Vater und ich gingen zur Reitschule, zur Vondel Manege, so genannt, weil sie in der Vondel Straat war, um mich anzumelden. Ich wurde in eine Gruppe mit Anfängern gesteckt, die alle „die Kleinen" nannten, weil die meisten von ihnen sehr jung waren. Ich ragte aus dieser Gruppe heraus, weil ich nicht nur viel älter, sondern auch viel größer war als die eigentlichen Kinder. Diesmal machte es mir nichts aus, ich war so glücklich, endlich auf ein Pferd klettern zu können, dass es mir egal war, ob ich anders war. Einmal die Woche fuhr ich auf meinem Fahrrad zur Reitschule, um Stunden zu nehmen. Ich fühlte mich wirklich mächtig auf diesen Pferden. Nur auf einem Pferd zu sitzen, ohne irgendwohin zu reiten, war Freude und Zufriedenheit. Wir lernten geradeaus zu reiten, zu trotten, zu traben, Achten zu reiten, zu drehen und ordentlich anzuhalten. Die Stunden waren immer viel zu schnell um, und dann mussten wir herunterklettern und eine weitere Woche auf eine weitere Unterrichtsstunde warten.

Aber nach der eigentlichen Reitstunde gab es anderen Unterricht: Wir hatten die Vorderhufe der Pferde zu säubern, lernten, die Pferde zu satteln und ihnen das Geschirr anzulegen und abzunehmen und die Pferde im Sommer zu baden. Ich liebte jede Minute davon. Ich hätte den ganzen Tag dort verbringen können, jeden einzelnen Tag. Natürlich verliefen die Stunden nicht ohne Unfälle. Wir hatten jedes Mal ein anderes Pferd zu reiten, damit wir uns an alle gewöhnten. Nicht alle Pferde waren wirklich gehorsam. Also wurde ich mehrfach abgeworfen, musste aber gleich wieder aufsitzen. Es machte mir überhaupt nichts aus, ich liebte das alles. Es war auch möglich, zumindest wahrscheinlich, dass ein Pferd einem von uns beim Säubern der Hufe auf den Fuß trat und einen dicken blauen Fleck verursachte. Als ich heimkam, sagte meine Mutter, die Pferde überhaupt nicht mochte und Angst vor ihnen hatte: *„Pfui, du riechst nach Pferd! Nimm sofort ein Bad!"* Mir machte der Geruch nichts aus, aber meine Mutter hasste ihn.

Sogar nachdem bei mir rheumatische Arthritis diagnostiziert worden war, damals nur Rheuma genannt, setzte ich die Stunden fort. Die Bewegung tat mir gut, und ich war nicht schüchtern im Umgang mit den Pferden. Ich kam damals sehr viel besser mit Tieren zurecht als mit Menschen. Vor Tieren brauchte ich mich nicht zu fürchten, vor Menschen hatte ich die ganze Zeit über Angst. Tiere widersprechen dir nicht, sie antworten nicht, sie bitten dich nicht, sie anzurufen, und es ist ihnen egal, ob du nicht immer mit ihnen sprichst. Also war mein Verhältnis zu Tieren sehr gut.

In meiner Teenagerzeit gab es wieder vieles, das ich nicht wusste, an das ich mich entweder nicht erinnern konnte oder das ich niemals gewusst hatte. Was geschehen war, als ich nach unserer Rückkehr Schokolade bekommen hatte, geschah wieder und wieder. Ich erinnere mich sehr genau an die folgende Begebenheit: Ich ging meiner Mutter durch die Scheldestraat, als wir an einem Gemüseladen vorbeikamen. Ich sah mir die verschiedenen Sorten von Obst an, die er in den Kisten draußen hatte und sah etwas, das ich noch nie zuvor gesehen hatte. Ich hielt meine Mutter an und fragte:

„Mami, guck mal. Was ist das, das gelbe Ding? Ist das Obst? Wo kommt das her? Ich habe noch nie so etwas gesehen. Es hat eine lustige Form. Kann man das essen?"

Eine Frau, die in unserer Nähe vorbeiging, hörte meine Frage, und ich kann noch immer ihr Gesicht sehen, das deutlich zeigte, was sie dachte: „Das arme Kind, es muss zurückgeblieben sein." Sie hörte die Antwort jedenfalls nicht mit, also wird sie ihre Ansicht darüber nicht geändert haben. Es war ein typisches Beispiel für all die Dinge, die ich nicht wusste. Ich stellte noch viele Jahre diese Art von Fragen. Es half natürlich nicht, dass wir Bananen oder andere Früchte dieser Art nur in der Saison sehen oder kaufen konnten. Alle Zitrusfrüchte und Bananen wurden importiert und das auch nur so lange, wie Saison dafür war, danach verschwanden sie wieder bis zum nächsten Jahr.

Als meine Teenagerzeit um war, beanspruchten meine Hausaufgaben mehr und mehr Zeit. Edith und ich lernten jeden Tag zusammen, sowohl für die tägliche Arbeit als auch für das Abschlussexamen nach dem letzten Jahr. Die Hausaufgaben brauchten jeden Tag Stunden. Schließlich kam das Abschlussjahr, und wir lernten sogar härter als zuvor. Das Abschlussexamen war – das ist es immer – extrem schwierig, zum Teil, weil es so viele Themen gab, über die wir Bescheid wissen mussten, und zum Teil, weil dies immerhin das Ende der Jahre am Lyzeum war. Danach gingen die Absolventen an die Universität oder taten, was immer sie sonst tun wollten. Durch großes Glück und viele, viele Stunden des Lernens, schafften sowohl Edith als auch ich das Abschlussexamen im ersten Versuch. Nachdem die Ergebnisse bekanntgegeben worden waren, sagte ich zu meinen Eltern: *„Ich werde nie, nie wieder ein Examen machen, für nichts."*

Meine Eltern lachten nicht, aber sie antworteten auch nicht. Und natürlich legte ich noch alle Arten von Examen ab, später in meinen Jahren an der Universität.

TANZSTUNDEN
UND ANDERE PROBLEME

Als ich noch ein Teenager war, oder wie man damals
sagte, eine Heranwachsende, gab es sehr vieles, das mir
Angst machte. Beim Blick zurück nehme ich an, dass mir
das Leben grundsätzlich Angst gemacht hat. Ich wuchs
nicht sehr schnell, zweifellos ein Ergebnis der sogenannten
Ernährung in den Lagern, aber mein Körper entwickelte
sich allmählich. Langsam. Ob es das war, was mir das Angst
machte, oder das Leben im Allgemeinen, weiß ich nicht,
aber ich lief normalerweise mit gesenktem Kopf herum
und mit den Händen in meinen Taschen. Ich hatte das
Gefühl, dass meine Arme und Beine zu lang für meinen
Körper waren. Ich war zumindest ungelenk, fiel über
Dinge oder ließ sie fallen oder stieß gegen Möbel. Also
dachte ich, wenn ich meine Hände in den Taschen
behalte, könnte ich wenigstens mit meinen überlangen
Armen keinen Schaden anrichten.

*Das ist ein guter Mantel für mich, die Taschen sind schön
tief, und ich kann meine Hände in die Taschen stecken.
Dann kann ich nichts kaputtmachen. Außerdem ist es ein
Regenmantel, also kann ich ihn immer tragen. Er ist ein
bisschen groß, aber das bedeutet auch, dass er mich
vollständig bedeckt. Ich kann meine Arme nicht schwin-
gen lassen, wie Mami oder Papi sagen, dass ich es sollte.
Ich werde einfach nur in Leute hineinrennen oder Dinge*

vom Tisch fegen. Und was dann? Was, wenn ich ein Glas
zerbreche? Was, wenn ich jemanden verletze?

Ich erinnere mich nicht länger daran, ob dieser Regenmantel mein einziger Mantel war oder ob es damals
einfach oft geregnete – denn in Holland regnet es oft
und viel. Aber auf jeden Fall war ich glücklich, den Mantel
zu haben.

Ich blickte runter auf die Straße, vor allem weil ich Angst
hatte, jemanden zu treffen, den ich kannte.

Wenn ich jemanden sehe, muss ich mich unterhalten, und
ich weiß nicht, wie. Was soll ich sagen? Ich kann natürlich
hallo sagen, aber was dann? Frage ich nach ihren Kindern?
Oder soll ich sagen, dass meine Eltern sich freuen würden,
sie zu sehen? Ich weiß nie, was das Richtige ist.

Wenn ich niemanden sehen konnte, dann war dieses
spezielle Problem ausgeschlossen. Also schaute ich auf die
Straße und lief herum, ohne jemanden zu sehen. Das ging
so von der Zeit an, als ich etwa vierzehn war bis zum Ende
meiner Schulzeit, mit zwanzig.

Kurz nachdem wir unsere eigene Wohnung zurück hatten,
musste mein Vater geschäftlich nach England fahren. Als
er zurückkam, brachte er mir ein Fahrrad mit.

Ein Fahrrad! Wunderbar! Und auch noch so ein leichtes!
Viel leichter als das typische Hollandrad. Oh, das ist klasse,
ich werde viel schneller zur Schule kommen! Und alle
anderen haben auch eins.

Es war ein Raleigh Fahrrad, ziemlich klein und von der
Größe her genau richtig für mich. Es bescherte mir eine

große Freiheit, weil ich jetzt „een stukje fietsen" konnte, eine kleine Fahrradtour machen. Das tat ich nach dem Abendessen, wenn ich mit meinen Hausaufgaben fertig war. Ich fuhr auch an den Wochenenden Fahrrad. Ich erinnere mich insbesondere an einen Abend, als ich eine der Straßen entlangfuhr, wo Leute an den Wochenenden oft spazieren gingen, nicht wirklich ein Fußweg, sondern breiter als das, obwohl er als Fußweg genutzt wurde. Mein Vorderrad stieß gegen etwas, vielleicht eine Baumwurzel, und ich stürzte mit meinem Rad. Das Fahrrad war in Ordnung, aber mein Rock war zerrissen, und ich hatte zwei blutige Knie. Ich ging ein bisschen weiter und fand ein Haus, also klingelte ich, und eine Frau öffnete die Tür.

„Dag Mevrouw – guten Abend –, ich bin mit meinem Fahrrad gestürzt und habe mir die Knie aufgeschlagen. Könnte ich mir bitte die Knie saubermachen, bevor ich heimfahre?"
„Ja, natürlich, komm einfach rein, lass uns in die Küche gehen."

Und die Frau gab mir Seife und ein Handtuch und zwei große Heftpflaster. Zu dieser Zeit war es wirklich sicher, so etwas zu machen. Also machte ich mir die Knie sauber und sagte dann:
„Dank U wel, Mevrouw – dankeschön –, das war sehr nett von Ihnen."

Sie fragte mich nicht nach meinem Namen, und ich fragte nicht nach ihrem, aber es stand damals außer Frage, dass einem fremden Menschen geholfen wurde, wenn jemand klingelte und um Hilfe bat.

Also gab mir das Rad mehr Freiheiten, als ich zuvor gehabt hatte. Es machte es mir auch leichter, loszuziehen und

Freunde zu treffen, weil ich jetzt nicht mehr die Straßenbahn nehmen musste.

Als ich immer noch vierzehn war, aber schon am Amsterdams Lyceum, entschieden meine Eltern, dass ich Tanzstunden nehmen sollte, Unterricht in dem, was man heute Standardtanz nennt. Das war Teil jeder guten Erziehung. Es wurde arrangiert, und sobald ich angemeldet war, wurde ich darüber informiert, dass ich von nun an jeden Dienstagabend dorthin zu gehen hatte. Ich protestierte laut und lange, aber das half mir nicht. Ich musste dorthin. Ich musste mit der Straßenbahn in die Stadtmitte fahren und dann etwa einen halben Block zu dem Tanzstudio laufen. Ich war beim ersten Mal wie von Sinnen vor Angst, weil ich keine Ahnung hatte, was dort von mir erwartet wurde.

„Nein, ich will nicht da hin! Ich will das nicht tun. Warum muss ich lernen, wie man tanzt? Das bringt mir nichts. Ich werde mich blöd anstellen, und alle werden über mich lachen. Das ist alles so blöd. Ich würde lieber zu Hause bleiben und lesen. Ich würde lieber meine Hausaufgaben machen!"

Nach der ersten Stunde war ich nicht mehr ganz so verängstigt, aber immer noch ängstlich genug. Ich hatte immer schon gewusst, dass ich überhaupt nicht musikalisch war, dass ich keinen Ton halten konnte und also auch nicht den Unterschied zwischen verschiedenen Tönen hören konnte, außer sie waren sehr hoch oder sehr tief. Jetzt wurde von mir erwartet, einem Rhythmus zu folgen, den ich auch nicht hören konnte. Natürlich waren wir alle, Jungs wie Mädchen, sehr ungeschickt. Aber die meisten anderen schafften es, sich die Schritte zu merken, und konnten der Musik folgen. Mir gelang weder das eine noch das andere, und ich trat andauernd meinem Partner auf die Füße. Ich schämte mich und fühlte mich blamiert. Das sollte einfach sein und Spaß machen. Für mich war es weder leicht noch lustig. Ich hasste die Dienstagabende, und als der Kurs zu Ende ging und ich hörte, dass dies mit einem „Ball" gefeiert werden sollte, verzweifelte ich vollständig. Mädchen brauchten ein langes Kleid für diesen Anlass, und meine Mutter schaffte es, eines zu leihen, weil ich keines hatte und wir es uns nicht leisten konnten, eins zu kaufen. Also war dieses Problem aus der Welt. An dem Abend, an dem der Ball gegeben wurde, fuhren wir drei, meine Eltern und ich, zu dem Hotel, wo das Ereignis stattfand. Niemand forderte mich zum Tanzen auf – wie ich erwartet hatte: Natürlich, warum sollten sie? Also tanzte ich ein paar Mal mit meinem Vater, und wir gingen ziemlich früh heim. Wenn ich aber gedacht hatte, dass dieses „Problem" jetzt gelöst war, hatte ich mich sehr getäuscht.

Im folgenden Februar feierte das Amsterdams Lyceum seinen Gründungstag mit einem festlichen Abend, Diës genannt. Wir Schülerinnen und Schüler waren verpflichtet, daran teilzunehmen. Also beschaffte ich mir ein Abendkleid, dieses Mal eines, das mir gehörte, und ging zum Lyzeum. Es gab eine Band und Erfrischungen, und die Schülerinnen und Schüler konnten zu der Musik tanzen, die die Band spielte. Ich dachte nicht, dass mich jemand auffordern würde. Wer hätte schon Lust, sich dauernd auf die Füße treten zu lassen?

Ich hätte genauso gut zu Hause bleiben können. Niemand wird mich zum Tanzen auffordern, und auch wenn mich jemand fragen würde: Ich tanze wirklich nicht gut. Es würde ein Desaster. Ich werde hier sitzen und so tun, als hätte ich Kopfschmerzen, und dann muss mich niemand auffordern, und ich kann das alles vermeiden.

Und so machte ich es. Ich saß dort mit meinem Kopf zwischen den Händen, ein oder zwei Leute fragten mich, was los war, und ich antwortete, dass ich Kopfschmerzen hätte. Weil bekannt war, dass ich oft unter Kopfschmerzen litt, war niemand überrascht. Ein paar Leute fragten, warum ich nicht einfach heimging. Darauf hatte ich natürlich keine Antwort. Ich hatte das Gefühl, dass wir bis zum Ende des Abends bleiben mussten. Natürlich war das keine Anweisung gewesen, aber weil niemand früher ging, nahm ich an, dass die anderen Schülerinnen und Schüler es auch so empfanden. Als der Diës gegen Mitternacht vorbei war, fuhr ich heim, fest entschlossen, dass das der einzige Diës gewesen war, zu dem ich jemals gehen würde. Es war ein Versprechen, das ich gehalten habe.

BAD GASTEIN

Wie erwähnt, bekam ich im Alter von fünfzehn Jahren rheumatische Arthritis. Damals war da nicht viel zu machen, aber ich musste jede Woche zum Arzt und bekam eine Injektion mit Ameisensäure, die helfen sollte. Ich hasste die Spritzen, weil ich Nadeln hasste, aber es gab kein Pardon. Ich musste hingehen. Sie halfen genauso wenig wie die verschiedenen Salben, die mir verschrieben wurden, um sie auf die betroffene Hand zu schmieren. Die Hand wurde dann dick verbunden, damit mir die Salbe keine Flecken auf meine Kleider machte. Ziemlich bald stellte sich heraus, dass mein Kiefergelenk, gleich unter dem Ohr, auch betroffen war. Ich konnte nicht länger meinen Mund vollständig öffnen. Zum Zahnarzt zu gehen, wurde zu mehr als der üblichen Tortur, und ich konnte nicht einmal mehr in einen Apfel oder eine rohe Karotte oder irgendetwas anderes Hartes beißen. Der Arzt empfahl mir, in einen Kurort zu fahren, der einen guten Ruf bei der Behandlung von Arthritis hatte. Ich konnte natürlich nicht alleine hin, also kam meine Mutter mit. Im ersten Jahr fuhren wir nach Baden in der Nähe von Zürich, in der Schweiz. Es gab dort ein Schwimmbad mit warmem, angeblich heilendem Wasser, und jeden zweiten Tag musste ich ein Bad in heilendem Schlamm nehmen, der Fango genannt wurde. Ich sah oder fühlte keinen Unterschied nach der Behandlung, also gingen wir das zweite Jahr nach Österreich in die Berge, nach Bad Gastein. Wir fuhren gemeinsam mit einem Ehepaar dorthin, Freunden meiner Eltern, Herrn und Frau Katz. Das Wetter in Bad Gastein ist leider sehr regnerisch, und so verbrachten wir die meiste Zeit drinnen, anstatt Spaziergänge zu machen. Nach den ersten paar Tagen bemerkte ich, dass Herr Katz mich offenbar gern berührte. Er legte mir immer wieder einen Arm um die Schultern oder eine Hand auf meinem Arm, und je mehr Zeit verging, desto häufiger kam das vor.

Ich glaube nicht, dass das in Ordnung ist. Ich mag ihn nicht sehr, aber ich muss höflich sein. Also kann ich nichts sagen, oder doch? Aber ich hasse es, dass er mich berührt! Er nimmt mich immer an die Hand – und dafür bin ich wirklich zu alt. Oder er hat eine Hand an meiner Wange oder auf meinem Arm. Bäh! Vielleicht sollte ich etwas sagen – aber wie kann ich das und immer noch höflich zu ihm sein? Was soll ich bloß tun?

Schließlich tat ich, was ich sofort hätte tun sollen. Ich ging zu meiner Mutter und sprach mit ihr darüber. Wir teilten uns ein Zimmer, also konnten wir ungestört reden. Sie wollte wissen, was genau vor sich ging, und ich sagte es ihr. Dann sagte sie, dass sie mit Frau Katz sprechen würde und Frau Katz dann mit Herrn Katz. Meine Mutter hielt ihr Versprechen. Sie hatte am nächsten Tag eine Unterredung mit Frau Katz, und von diesem Augenblick an hörten die Berührungen auf. Ich weiß nicht, was meine Mutter gesagt oder wie Frau Katz auf das reagiert hatte, was sie ihr erzählte, aber Herr Katz ließ mich von da an in Ruhe. Ich verstand damals nicht, was er wirklich wollte, und ich habe es auch viel später nicht begriffen.

Ich muss sechzehn oder siebzehn gewesen sein, als sich das damals ereignete, und ich hatte keine Ahnung, dass es sexuelle Belästigung oder Missbrauch gewesen sein könnte. Ich hatte auch keine Ahnung, dass Mütter nicht immer ihren Töchtern glauben, wenn es darum geht. Es war normal für mich, zu meiner Mutter zu gehen, und ich dachte, dass es normal war, dass meine Mutter das Problem löste. Ich weiß nicht, wie das Ganze die Freundschaft meiner Eltern mit dem Ehepaar Katz beeinflusst hat, und niemand hat je mit mir darüber gesprochen. Die Angelegenheit wurde einfach nie wieder erwähnt.

Viel später wiederholten sich solche Situationen. Einige Männer berührten mich auf unangemessene Art und Weise und an unangemessenen Stellen, aber ich war älter und in der Lage, selbst etwas dagegen zu unternehmen. Die meisten dieser Männer waren Fremde. Ich hatte auch keine Ahnung, dass so etwas selbst im Familienkreis geschah. In Bad Gastein war ich jedenfalls einfach nur froh, dass sich das Problem in Luft aufgelöst hatte. Ich mied die Nähe von Herrn Katz und achtete darauf, unter gar keinen Umständen allein mit ihm zu sein. Das war einfach, weil wir vier unsere Mahlzeiten gemeinsam einnahmen und Zeit zu viert verbrachten. Manchmal war ich auch mit meiner Mutter allein. Wir gingen spazieren, wenn das Wetter es erlaubte, oder gingen ins Dorf oder taten etwas anderes.

Bad Gastein half auch nicht gegen meine Arthritis, also fuhren wir im dritten Jahr nach Aix-les-Bains, einen Kurort in Frankreich. Dieses Mal waren wir jedenfalls allein unterwegs, meine Mutter und ich. In einem früheren Kapitel habe ich schon geschildert, was dort geschehen ist, dass ich kein Französisch sprechen konnte, obwohl ich die Sprache mehrere Jahre in der Schule gehabt hatte. Gegen die Arthritis half auch Aix-les-Bains nicht, also haben wir die Sommerferien danach wieder anders verbracht.

Während wir in Aix-les-Bains waren, versuchte ich Thomas Manns „Zauberberg" zu lesen. Ich verstand den Roman nicht wirklich und fand die Ausdrucksweise sehr schwierig. Am Ende übersprang ich die Teile, die ich nicht verstand, und las nur den Rest. Ich fand das Buch damals nicht sehr interessant, aber ich habe es auch nicht noch einmal gelesen. Ich habe einige andere Bücher von Mann gelesen und sie problemlos verstanden, aber dieses eine war zu viel für mich. Am Ende meiner Kur fuhren wir nach Hause, und ich kehrte zurück aufs Amsterdams Lyceum.

Die rheumatische Arthritis hielt sich für eine Weile in meinen Kiefergelenken und in meiner rechten Hand. Irgendwann verbreitete sie sich über meinen Körper, auch auf die andere Hand und einige andere Körperteile. Ich bekam keine Injektionen mit Ameisensäure mehr, und nichts anderes wurde unternommen oder konnte damals unternommen werden. Heute gibt es bessere Behandlungsmethoden, Therapien, die gegen die Schwellungen und den Schmerz helfen, aber noch immer keine Heilung.

ENGLAND

Im Jahr 1953 habe ich meinen Abschluss am Amsterdams Lyceum gemacht. Weil ich vom klassischen zum modernen Zweig gewechselt war, hatte ich nicht die erforderliche Vorbildung, um in Holland Pharmazie zu studieren. Aber wie im Jahr zuvor pendelte mein Vater zwischen Amsterdam und London. Mein Onkel Henry, der Bruder meines Vaters, war ernsthaft erkrankt, und mein Vater musste das Geschäft meines Onkels übernehmen und sich gleichzeitig um seine eigenen beruflichen Angelegenheiten kümmern. Deshalb pendelte er zwischen Amsterdam und London, verbrachte die Woche dort und das Wochenende zu Hause. Er hatte Freunde in London, und einer von ihnen schlug vor, ich solle doch vielleicht auch nach London kommen. Ich könnte dann an einem Tutorium teilnehmen und mich in den entsprechenden Fächern fortbilden, zum Beispiel in Physik oder Chemie und dergleichen, und natürlich in Englisch. Sobald ich die Examen in London gemacht hätte, könnte ich auf eine englische Universität gehen. Ich würde bei einer englischen Familie leben, die etwas außerhalb von London wohnte und Fremdenzimmer vermietete. Wir sprachen darüber, meine Eltern und ich, und hatten den Eindruck, dass es vermutlich eine gute Idee war. Ich hätte Englischunterricht und würde gleichzeitig jeden Tag Englisch sprechen, die ganze Zeit, mit jedem. Also bin ich im Sommer 1953 nach England aufgebrochen. Noch eine

Trennung. Noch ein anderer Ort zum Leben. Noch eine Sprache. Noch einmal geliebte Menschen und Dinge zurücklassen. Aber es ging nicht anders. Ich wusste nicht, was ich sonst hätte machen sollen, da ich in Holland nun einmal nicht Pharmazie studieren konnte.

Es stellte sich heraus, dass die Familie sehr nett war: Es gab einen Vater, eine Mutter und drei Töchter, von denen zwei nicht mehr zu Hause wohnten. Die Jüngste war noch da, und außer mir gab es einen weiteren Gast. Mein Englisch verbesserte sich sehr schnell, obwohl es hier und da Probleme gab. Ich kannte natürlich nicht all die richtigen Ausdrücke und Worte für alles, und einige Sätze wirkten eher befremdlich. Der Vater der Familie lehrte uns Hausgäste, ihn mit „Sir" anzureden, und das taten wir auch. Er war Lehrer an einer Privatschule für Jungen, und sie nannten ihn „Sir", also taten wir es auch. Später, als ich andere Leute traf und Männer „Sir" nannte, fand ich heraus, dass sie das überhaupt nicht mochten, weil sie sich deshalb alt fühlten oder zumindest älter, als sie waren. Die Anrede drückte einen Respekt aus, von dem sie glaubten, dass sie ihn nicht verdient hatten. Wenn niemand zu Hause war, musste ich auch ans Telefon gehen, und meist verstand ich die Botschaften nicht und auch nicht die Namen derer, die anriefen. Das ist wirklich eines der schwierigsten Dinge, wenn man eine neue Sprache lernt. Einmal klingelte das Telefon wieder, und ich ging ran. Ich verstand sofort, dass es eine der älteren Töchter der Familie war, bei der ich lebte. Aber... ich konnte weder verstehen, was für eine Nachricht die junge Frau für ihre Eltern hinterlassen wollte, noch verstand ich die Nummer, die sie mir gab, damit sie sie zurückrufen konnten. Sie muss die Nummer fünf oder sechs Mal mit großer Geduld wiederholt haben. Am Ende sagte sie dann, ich solle ihren Eltern sagen, dass sie sich später wieder melden würde. Ich war sehr beschämt, dass ich die Nummer nicht verstehen konnte, aber ich wusste nicht, was ich tun sollte.

Mit der Familie und dem anderen Hausgast verstand ich mich ganz gut. Der Rest war nicht so einfach. Ich bekam Nachhilfe in Chemie, Physik und Englisch. In Englisch machte ich große Fortschritte. Ich schrieb Aufsätze auf Englisch mit wenigen Fehlern. Mit der Zeit wurden es weniger und weniger Fehler, und meine Noten wurden besser. Ich fing an, auch englische Texte zu lesen. Anfangs war es sehr schwer, und ich hatte ein dickes Wörterbuch zur Hand, in dem ich Begriffe nachschlagen konnte. Natürlich war es dann nicht einfach, flüssig oder schnell zu lesen. Irgendwann schlug mir irgendjemand vor, zum Beispiel einen Detektivroman auf Englisch zu lesen, den ich schon in einer anderen Sprache gelesen hatte. Das hätte den Vorteil, dass ich schon die Geschichte kannte, und die Sprache in einem Krimi sei mehr oder weniger Alltagssprache. Ich befolgte den Rat, und es funktionierte. Von da an verbesserte sich mein Englisch sprunghaft.

Chemie war nicht so übel. Ich hatte meine Freude daran, obwohl ich härter dafür arbeiten musste als für Englisch. Es hatte allerdings seine eigenen kleinen Fallstricke. An einem Abend sollte ich meinen Vater und ein paar seiner Freunde zum Abendessen treffen. Natürlich musste das der Tag sein, als eine Teströhre in meiner Hand zerbrach und meine beiden Hände von dem Jod braun waren. Ich konnte es nicht abbekommen und war gezwungen, meinen Vater und seine Freunde mit braungefärbten Händen zu treffen. Im Großen und Ganzen aber hatte ich keine Probleme mit Chemie. Aber Physik! Physik war ein Desaster! Ich erinnere mich an einen Morgen, an dem mein Tutor mir den Flaschenzug erklärte. Er erklärte ihn mir sehr langsam und deutlich, fragte mich alle naselang, ob ich ihn verstanden hatte.

„Verstehst du diesen Teil?"
„Ja, das tue ich."
„Sag mir, wie es funktioniert."
„Nun ja, es funktioniert so..."

...und ich würde mit seinen eigenen Worten genau das wiederholen, was er gesagt hatte und hören wollte. Aber dann... dann veränderte er die Zahlen. Und ich war hoffnungslos verloren. Es war, als ob er mir erklärt hätte, dass sieben und drei zehn sind. Dann bat er mich, sechs und vier zusammenzuzählen. Und natürlich konnte ich das nicht. Ich konnte nur dasitzen und ihn angucken wie ein Schaf, ohne eine Ahnung, was von mir erwartet wurde. Nach mehreren Monaten waren wir uns einig, dass ich wirklich ein hoffnungsloser Fall war, und von da an gab mir mein Tutor englische Bücher zu lesen, und wir verbrachten die Stunde damit, darüber zu diskutieren. Er stellte mir die Werke von John Steinbeck, Ernest Hemingway, Somerset Maugham und anderen vor.

Ich brauche nicht zu erwähnen, dass ich niemals meine Physikprüfung abgelegt habe, und weil ich dieses Fach genauso wie Chemie für Pharmazie brauchte, hatte es auch keinen Sinn, mein Chemie-Examen zu machen. Ich machte aber mein Englischexamen und bestand es mit fliegenden Fahnen.

An einem Wochenende, als wir alle drei zu Hause waren, hielten wir wieder Familienrat und kamen zu dem Schluss, dass die Pharmazie nicht für mich bestimmt war und ich nicht für die Pharmazie. Aber vielleicht könnte ich Kindergärtnerin werden, da ich Kinder mochte. Also erkundigten sich meine Eltern, wo ich eine Ausbildung machen konnte, und es stellte sich heraus, dass es spezielle Schulen dafür gab. Wir gingen für ein Bewerbungsgespräch hin. Chemie und Physik wurden nicht gebraucht, aber mit dem, was gebraucht wurde, konnte ich auch nicht dienen. Ich hätte Musikunterricht nehmen müssen, um als Erzieherin in einem Kindergarten zu arbeiten, mit den Kindern Lieder zu singen und ihnen Lieder beizubringen. Unglücklicherweise bin ich nun aber einmal völlig unmusikalisch. Schon im zweiten Schuljahr hatte mir mein damaliger Lehrer gesagt, dass ich tun sollte, was immer ich wollte, nur bitte nicht singen. Also war der Beruf der Kindergärtnerin auch nichts für mich.

Schließlich waren wir uns darin einig, dass das, worin ich am besten war, Sprachen waren. Ich wusste wirklich nicht, welchen Beruf ich nach einem Sprachenstudium ergreifen sollte, aber es *war* das, was ich am besten konnte. Nach weiteren Erkundigungen und Briefen entschieden wir, dass es eine gute Idee wäre, auf die Universität von Genf zu gehen. An die Universität angebunden war eine internationale Dolmetscherschule, wo wir Übersetzen, Dolmetschen und Simultandolmetschen lernen, aber auch Hintergrundwissen über jedes Land sammeln sollten, in dem die Sprache, die wir studierten, gesprochen wurde. Wie zum Beispiel Rechtswesen oder Geografie. Also ging ich, bevor das neue Herbstsemester begann, nach Genf und versuchte, mich dort einzugewöhnen.

GENF

Ich hatte noch nicht wirklich Freunde in England gefunden, aber ich sprach inzwischen fließend Englisch. Also verabschiedete ich mich von meinen verschiedenen Lehrern, aber besonders von meinem Physik/Literatur-Lehrer. Und ich sagte der Familie, bei der ich gewohnt hatte, Lebwohl.

Noch einmal wurde ich entwurzelt. Noch einmal kam eine Trennung auf mich zu, wieder ein anderer Ort, an dem ich mit noch einer anderen Sprache leben sollte, Französisch in diesem Fall, weil Genf im französischen Teil der Schweiz liegt. Ich hatte keine Wurzeln in England geschlagen, und die Wurzeln, die ich in Holland gehabt hatte, hatten sich gelockert. Und auch in Genf sollte ich keine Wurzeln schlagen.

Ich wohnte im „Maison des Etudiants", dem Studentenwohnheim, in dem Studierende aller Nationen in eigenen Zimmern wohnten. Wir nahmen unsere Mahlzeiten gemeinsam ein und tranken Kaffee zusammen im Wohnzimmer. Die „Aufseherin", eine Dame, die für uns zuständig war, war eine ziemlich unangenehme Person, aber die Studentinnen und Studenten waren nett und sehr unterschiedlich. Ich freundete mich mit einer jungen Frau aus Ägypten an, mit einer Italienerin, einer Portugiesin, mehreren Holländerinnen, ein paar jungen Männern aus Griechenland und einigen anderen. Natürlich wurde nur Französisch gesprochen, sowohl während des Abendessens als auch zur Kaffeezeit. Auf jeden Fall war Französisch das, was die meisten von uns gemeinsam hatten, obwohl unser Französisch auf gar keinen Fall perfekt war. Das Studium war interessant, wir hatten zusätzlich zu Französisch, das natürlich in Genf gesprochen wurde, zwei weitere Sprachen zu belegen. Irgendwann musste ich mir Genfer Ausdrücke abtrainieren und sie alle durch „ordentliches" Französisch ersetzen. Trotz allem war Französisch unser aller Hauptfach, egal, was wir sonst studierten. Als weitere Sprachen wählte ich Englisch und Deutsch. Wenn man das Grundstudium, das etwa zwei Jahre dauerte, abgeschlossen und sowohl die schriftlichen als auch die mündlichen Examen für jede Sprache bestanden hatte, konnte man sich noch eine zusätzliche Sprache aussuchen, um die früheren zu ergänzen und ein zweites Diplom zu erhalten. Das machte ich im dritten Jahr und wählte Niederländisch. Nachdem ich dieses Teilstudium abgeschlossen hatte, gab es noch ein paar Examen zu bestehen. Es waren nicht nur Sprachprüfungen als solche, obwohl sie das natürlich auch waren: Übersetzungen aus dem Französischen in eine andere Sprache und von einer anderen Sprache ins Französische, außerdem einen langen Aufsatz in der Sprache, die wir studiert hatten. Zusätzlich wurden wir in Geografie und im Recht des jeweiligen Landes geprüft, in Fragen der Kultur und allem anderen, das mit dem Land zu tun hatte, dessen Sprache wir studiert hatten.

Zwischen den Kursen und Seminaren hatten wir aber auch Zeit, um Genf und seine Umgebung zu erkunden. Genf ist eine hübsche Stadt, mit einer schönen Altstadt, „La vieille ville" genannt, mit allen Sorten von kleinen, verwinkelten Straßen, kleinen Läden und Restaurants, alten Kirchen und Museen. In der Stadtmitte, einer modernen Gegend, waren die größeren Geschäfte, Kaufhäuser und Hotels. Der Genfer See ist wirklich schön, und Wassersport ist sehr beliebt. Unglücklicherweise fanden wir die Einwohner von Genf nicht einmal annähernd so attraktiv wie ihre Stadt. Ihnen bedeutete Geld sehr viel, und weil keiner von uns wirklich Geld hatte, gingen sie davon aus, dass alle Studenten arm waren, kein Geld ausgeben konnten und also auch nicht zählten. Und so waren sie eher mürrisch zu uns, kein bisschen nett. Außerdem war unser Französisch nicht immer perfekt, und deshalb sahen die Genfer auf uns herab. Zwischenzeitlich lernten wir natürlich Französisch, aber ich fand es interessant, dass das Französisch, das in Frankreich gesprochen wird, viel schöner ist als das Genfer Französisch. Genfer Französisch wird mit einem ziemlichen Sing-Sang-Akzent gesprochen, und es enthält Worte, die im Französisch Frankreichs nicht existieren. Die Genfer benutzen Worte, Ausdrücke und Zahlen auf ihre eigene Art, manchmal mit Resultaten in Französisch, die Franzosen nicht korrekt finden. In Wahrheit ist es einfach „Genfer Französisch". Die Franzosen wiederum sehen auf Genfer herab, die Genfer Französisch sprechen.

Zu Beginn meines Aufenthalts in Genf habe ich eine grauenvolle Erfahrung gemacht. Ich war mit einigen Studenten in einem Café, in dem wir später oft Kaffee trinken sollten. Alle unterhielten sich, so gut es ging, mit allen. Dann sagte die junge Frau, die neben mir saß, anscheinend einfach so und ohne dass ich einen Zusammenhang erkannt hätte:

„Ich mag keine Juden. Ich weiß immer, wenn einer von ihnen in meiner Nähe ist. Ich erkenne es gleich. Sie sind so unangenehm, und sie riechen. Ich weiß nicht, wie ich das mache, aber ich kann es – ich weiß es immer sofort."

Wäre ich älter und erfahrener gewesen, hätte ich vielleicht etwas gesagt. Aber so, obwohl ich wusste, dass sie offensichtlich *nicht* wusste, dass ich jüdisch war, sagte ich nichts. Ich wollte keinen Streit. Ich wollte keine Art von Auseinandersetzung, und vor allem wollte ich keine Aufmerksamkeit auf mich ziehen – ich hatte diese Lektion sehr gut gelernt! Also hielt ich den Mund. Ich mied aber diese Studentin von da an.

Eine der Freundinnen, die ich in Genf fand, stellte sich als eine Freundin fürs Leben heraus: eine Portugiesin namens Elisa. Sie stammte aus Porto, aber sie lebte mit ihrem Ehemann in Lissabon, als ich sie zum ersten Mal traf. Sie sprach Französisch schon fließend, als sie nach Genf kam, und sie half mir anfangs sehr. Wir hatten beide ein Zimmer in der Maison des Etudiants und trafen uns dort. Wir besuchten mehrere Seminare zusammen, lernten zusammen und bestanden die Examen gemeinsam. Wir erkundeten auch die Gegend gemeinsam. Wir Studierende sollten Zeit in den Ländern verbringen, deren Sprachen wir lernten. Das war als Vorwand so gut wie jeder andere, um Urlaub in Paris zu machen. Elisa fuhr zu ihrem Mann, der in Frankreich studierte, und ich fuhr hin, um mir Paris anzusehen. Wir gingen zusammen ins Theater, sahen uns eine Reihe von Museen an, experimentierten mit Restaurants, sahen uns jede Menge Kirchenfenster an, und ich verliebte mich in Wasserspeier. Sie dienen an vielen Kirchen als Dekoration, aber sie haben auch einen praktischen Nutzen, denn sie sind am Beginn des Fallrohrs angebracht, durch das das Regenwasser abfließt. Ich fand sie exotisch, individuell und faszinierend – das tue ich immer noch. Wir schlenderten durch den alten Teil von Paris, gingen zu den Flohmärkten und hatten im Großen und Ganzen eine wunderbare Zeit. Ich begann in Paris wieder zu schreiben, zumeist Kurzgeschichten, aber dieses Mal nicht über jüdische Mädchen, die den Krieg erlebt hatten. Diese Geschichten verfasste ich im Stil von Märchen und erst viele Jahre später, nachdem ich in die USA gekommen war, las ich sie noch einmal und fand, dass sie anders waren als meine älteren Texte, aber dass sie alle das Gleiche ausdrückten: Einsamkeit, Alleinsein, Anderssein, nicht dazu zu passen. Viel später, 1985, fing ich an, Gedichte zu schreiben, aber während meines Studiums war ich nicht dazu in der Lage. Es war etwas anderes, etwas, das ich nicht wirklich gelernt hatte und das ich selbst herausfinden musste. In der Schule lernten wir, in vollständigen Sätzen zu schreiben und natürlich Absätze zu machen und ein Thema vom Anfang an, durch die Mitte und bis zum Ende durchzudiskutieren. Aber wir lernten nicht, Geschichten zu schreiben. Das musste ich lernen, indem ich es tat.

Nach drei Jahren war mein Studium in Genf beendet. Ich hatte meine Examen bestanden und erhielt meine Diplome – die Dolmetscherschule vergab keine akademischen Titel, nur Diplome. Eins für die ersten drei Sprachen und eins für die zusätzliche Sprache. Ich war jetzt eine ausgebildete Übersetzerin. Mit meinen Diplomen in der Hand kehrte ich nach Holland zurück und suchte mir einen Job.

Die Zeit in London und Genf hatte mich vieles gelehrt, zusätzlich zu Englisch und Französisch. Aber es kam mir immer noch so vor, als passte ich nicht zu den anderen, ich fühlte mich immer noch allein, ich fühlte mich immer noch so, als könnte und sollte ich nicht über das sprechen, was mir als Kind widerfahren war. Geschichten aus dem Konzentrationslager passten nicht auf eine Dolmetscherschule, und auch keine Geschichten über das Tragen des gelben Sterns. Also blieb ich verschlossen und introvertiert und versuchte, so gut wie möglich zurechtzukommen. 1985 schrieb ich das Gedicht über „Zugehörigkeit", das, mit ein paar kleinen Änderungen, auch leicht in Genf hätte entstanden sein können. Ich füge es hier ein.

ZUGEHÖRIGKEIT

Zugehörigkeit ist, eine Herkunft und Traditionen zu teilen,
anderen um dich herum vom Wesen her zu ähneln,
dazu zu passen.
Ich gehöre nicht hierher und tue es doch.

Zugehörigkeit ist, sich zu Hause zu fühlen,
zu verstehen und verstanden zu werden,
wie die anderen zu sein.
Ich gehöre nicht hierher und tue es doch.

Zugehörigkeit ist, die gleichen Kinderspiele zu spielen,
die gleichen Kinderlieder zu singen,
dieselben Kindergeschichten zu lesen.
Ich habe diese Spiele nicht gespielt,
diese Lieder nicht gesungen,
diese Geschichten nicht gelesen.
Ich habe nicht das Gefühl, dass ich dazugehöre.

Zugehörigkeit ist, die gleichen Feste zu feiern,
ihre Bedeutung zu kennen,
tief in dir drin zu fühlen, warum es sie gibt.
Ich fühle nicht diese Bedeutung in mir.
Ich habe nicht das Gefühl, dass ich dazugehöre.

Zugehörigkeit ist, dieselben Erfahrungen zu teilen,
zu wissen, dass *dieser* Ort *mein* Ort ist.
Aber ich habe mehr als einen Ort.
Wie kann ich dazugehören, wenn sie alle mein sind,
und doch keiner von ihnen?

Zugehörigkeit ist, die gleiche Sprache zu sprechen,
die Worte und die Gesten zu kennen.

Aber ich spreche mehr als eine Sprache.
Wie kann ich dazugehören, wenn sie alle mein sind,
und doch keine von ihnen?

Zugehörigkeit ist, Teil einer Gruppe zu sein,
sich das eigene Selbst in dieser Gruppe zu bewahren,
aber Teil der Gruppe zu sein, im Bewusstsein,
dass dies *deine* Leute sind,
sodass du dich vollständig fühlst, wenn du bei ihnen bist.
Ich kann mich nicht wirklich ganz fühlen
in irgendeiner Gruppe,
und doch fühle ich mich in einigen vollständig.
Werde ich jemals dazugehören?

Ich bin in einem Land geboren,
in einem zweiten aufgewachsen,
lebe in einem dritten.
Mein Geburtsland wies mich damals zurück.
Jetzt verleugne ich es.
Das zweite und das dritte Land sind mein,
doch keins von beiden ist es ganz.
Ich gehöre zu beiden,
und doch zu keinem von beiden.
Werde ich jemals dazugehören?

Ich bin zerrissen zwischen zwei Kontinenten,
jeder ist Heimat,
aber keiner ist es ganz.
Ich gehöre zu beiden,
doch ich gehöre zu keinem von beiden.
Werde ich jemals dazugehören?

Ich hätte diese Worte in London schreiben können. Ich hätte sie in Genf schreiben können. Damals teilte ich meine Zeit nicht zwischen zwei Kontinenten auf, war ich nicht hin und hergerissen. Und doch waren die in diesem Gedicht ausgedrückten Gefühle auch in England und in der Schweiz wahr. Diese Gefühle sind immer noch echt, auch wenn ich, als ich dieses Buch schrieb, schon vierzig Jahre in den USA lebte. Sie werden sich wahrscheinlich niemals ändern. Ich werde immer eine Fremde bleiben, immer anders, niemals vollständig dazugehören.

Rückkehr nach Amsterdam

Als ich mein Studium in Genf abgeschlossen hatte, kehrte ich mit meinen beiden Übersetzerdiplomen nach Amsterdam zurück. Meine Eltern waren inzwischen ganz nach London gezogen, damit mein Vater sein eigenes Geschäft und das seines Bruders von dort aus fortführen konnte. Ich aber konnte nicht nach London gehen und dort arbeiten. Um in England berufstätig sein zu dürfen, hätte ich zunächst einmal einen Job gebraucht, außerdem eine Arbeitserlaubnis für diesen Job. Es musste darüber hinaus eine Stelle sein, die niemand mit englischer Staatsbürgerschaft ausfüllen konnte, sonst würden sie eine Engländerin oder einen Engländer engagieren und keine Fremde. Weil ich einen Job haben musste, um eine Arbeitserlaubnis zu bekommen, und eine Arbeitserlaubnis, um einen Job zu bekommen, war es offensichtlich unmöglich. In Amsterdam konnte ich leicht Arbeit finden. Ich war holländische Staatsbürgerin und als solche brauchte ich keine Genehmigung oder so etwas. Ich brauchte einfach nur eine Firma, die mich einstellte.

Zunächst einmal zog ich bei Herrn und Frau Van der Guus ein, dem Ehepaar, das sich um unsere Wohnung und um die geschäftlichen Angelegenheiten meines Vaters in Amsterdam kümmerte, und begann mit der Stellensuche. Ich war jetzt Übersetzerin, hatte aber keine Berufserfahrung. Dennoch fand ich einen Job bei einem Medizinverlag, der monatliche Journale mit allen Arten von medizinischen Artikeln herausbrachte, aus ihrer Originalsprache ins Englische übersetzt. Ich verdiente sehr wenig, aber ich mochte die Arbeit. Wir jungen Frauen, die in dieser Abteilung arbeiteten, übersetzten nicht nur, sondern hatten auch Artikel Korrektur zu lesen, was Anlass für viel Gelächter gab, wenn die Übersetzung gelegentlich bizarr war. Ich erinnere mich noch genau an einen Artikel, in dem Frühchen erwähnt waren, geboren im zehnten Monat. Wir fragten mehrere Ärzte, die für unseren Verlag arbeiteten, was das denn wohl bedeuten sollte. Wir brauchten Wochen, um eine Antwort zu bekommen. Es zeigte sich, dass mit „zehnter Monat" der zehnte Monat des Jahres gemeint war, der Oktober.

Ich schloss im Büro ein paar lockere Freundschaften, sah aber die meisten Leute nur im Verlag und nicht am Feierabend. Eigentlich wollte ich nicht bei den Van der Guusens wohnen, weil keiner von uns eine echte Privatsphäre hatte. Einige Monate später fand ich ein Zimmer, das ich mieten konnte, in einem Haus, in dem auch noch eine andere junge Frau aus meinem Büro wohnte. Also zog ich aus dem Apartment aus. Zusätzlich war ich jetzt, endlich, mit Mitte zwanzig, in einer rebellischen Phase, wie ich sie als Jugendliche nicht gehabt hatte.

Das Zimmer, das ich gemietet hatte, machte mich unabhängiger. Es machte mich auch ärmer, weil die Miete einen großen Teil meines ohnehin schon kleinen Einkommens auffraß. Es war ein großer Raum, mit einem Balkon. Es gab einen Tisch, ein Bett, ein paar Stühle und zwei elektrische Kochplatten. Weil das Zimmer in der nordöstlichen Ecke des Hauses war, war es bitterkalt im Winter. Aber Heizen kostete Geld, also saß ich dort meist eingewickelt in Decken, um mich warm zu halten, oder ging zu Bett. Gegen Ende des Monats, wenn das Geld wirklich knapp war, brachte ich die leeren Milchflaschen weg, für die ich hatte Pfand zahlen müssen und die ich einen ganzen Monat behielt. Von dem Pfandgeld, das mir zurückerstattet wurde, kaufte ich mir an den letzten Tagen des Monats etwas zu essen. Wir hatten ausschließlich Glasflaschen, zahlten auf jede Flasche Pfand, und gaben sie an das Geschäft zurück, um unser Pfandgeld zurückzubekommen.

Als mein Vater aus London nach Amsterdam kam, wie er es einmal im Monat tat, um sich um den holländischen Zweig seines Geschäftes zu kümmern, warf er auch einen Blick in mein Zimmer. Er wusste, dass ich finanziell kaum über den Monat kam, und gab mir einen Umschlag mit einer Monatsmiete und Essensgeld darin.

„Papi, ich will das nicht! Ich habe einen Job, ich verdiene mein eigenes Geld, und ich bin nicht länger von euch abhängig! Ich kann für mein Zimmer und mein Essen zahlen. Wirklich, ich brauche es nicht! Ich will es nicht!"

Mein Vater wollte nicht auf mich hören. Er zwang mich mehr oder weniger, den Umschlag anzunehmen. Aber er hatte nicht damit gerechnet, dass ich genauso stur war wie er.

Ich werde das nicht ausgeben. Ich werde es an einen sicheren Platz legen und werde von dem leben, was ich verdiene. Das werde ich tun. Nun, wo soll ich es hintun? Aah, das ist ein guter Platz, da in der Schublade. Ich werde es dort nicht einmal sehen.

Im nächsten Monat, als mein Vater wieder nach Amsterdam kam, gab ich ihm den Umschlag ungeöffnet zurück, und das Thema Geld oder die Frage, ob ich etwas brauchte oder haben musste, kam nie wieder zur Sprache. Es traf ihn, dass ich ihm den unberührten Umschlag zurückgab – aber mich hatte es getroffen, dass er ihn mir gegeben hatte. *„So"*, stellte ich fest, *„jetzt sind wir quitt."*

Die junge Frau, die mit mir im gleichen Haus wohnte, und ich freundeten uns allmählich an. Und ich fand noch einen anderen Freund, Jaap, der im gleichen Büro arbeitete wie wir. Wir waren uns eines Morgens zufällig über den Weg gelaufen, als ich wie er von zu Hause ins Büro unterwegs war, also gingen wir zusammen. Danach machten wir einen Treffpunkt aus und gingen den Rest des Weges gemeinsam. Wir verbrachten auch einige Zeit zusammen und unterhielten uns gut und wurden nach und nach enge Freunde.

Wann immer ich konnte, besuchte ich meine Eltern in London. Sie hatten dort ein möbliertes Apartment in einem großen Viktorianischen Haus, das in Apartments aufgeteilt worden war. Unseres war im Erdgeschoss. Es war nie die Absicht meiner Eltern gewesen, dauerhaft nach London zu ziehen, also hatten sie nicht ihre eigenen Möbel mit nach England gebracht, sondern sich stattdessen dieses Apartment gemietet. Dann allerdings blieben sie von 1953 bis 1960 in London. Meinem Vater gelang es damals, seine Firma zu verkaufen, und sie zogen nach Zürich, wo sie den Rest ihres Lebens verbrachten. Ihre Wahl fiel auf Zürich, weil in Zürich Deutsch gesprochen wird, und mein Vater wollte Gasthörer an der Universität werden. Er sprach natürlich Holländisch, aber Deutsch war seine Muttersprache, und er fühlte sich darin eher zu Hause und wohler.

Wenn mein Vater von London nach Amsterdam herüberkam, begleitete ihn meine Mutter gelegentlich. In den Ferien fuhr ich manchmal nach London, um sie zu besuchen. Bei einer dieser Gelegenheiten war das Auto, in dem ich als Beifahrerin saß, in einen Unfall verwickelt, und ich kam ins Krankenhaus, mit etwas, das man damals einen gebrochenen Hals nannte. Ich blieb mehrere Tage in der Klinik und hatte einen steifen Kragen um meinen Nacken, um ihn nicht zu bewegen. Meine Mutter kam, mich zu besuchen und mir ein paar Dinge zu bringen, die ich brauchte. Sie warf einen Blick auf mich und sagte, zum Entsetzen der Krankenschwester: „Ein gebrochener Hals? Ich dachte, an so was stirbt man!" Ich lachte. Die Bemerkung war typisch für meine Mutter, aber die Krankenschwester hielt es für sehr unhöflich. Schließlich wurde mir erlaubt, nach Hause zu gehen, mit meinem Kragen. Ich blieb etwa sechs Wochen in London, bevor er abgenommen wurde. Danach ging ich zurück nach Amsterdam, zurück an die Arbeit. Meine Freundschaft mit Jaap und Dina, der jungen Frau, die meine Kollegin war, wurde enger. Aber wenn ich zurückschaue, empfinde ich nichts Besonderes. Es war eher eine ziemlich oberflächliche Freundschaft, trotz der nächtlichen Gespräche mit Dina oder den Unterhaltungen mit Jaap beim Spazierengehen. Wenn ich nach all der Zeit zurückblicke, denke ich, dass ich überhaupt nicht bereit zu tiefen Freundschaften war. Die Lektion hatte ich in meiner Kindheit gründlich gelernt: Komm niemandem nahe, denn wenn du es tust, wirst du diesen Menschen verlieren. So wie ich Hans und andere Kindheitsfreunde verloren hatte. Und meine Großeltern und Großtanten und Großonkel und ihre Nachkommen. Meine Eltern, wie sie vor dem Krieg waren. Es ist wahr, ich hatte die gleichen Eltern nach dem Krieg wie vor dem Krieg, aber der Krieg hatte sie für immer verändert. Also kam ich weder Dina noch Jaap jemals wirklich nah.

In die Vereinigten Staaten von Amerika

1958 haben Freunde meiner Eltern, Fred und Jetty Benjamin, die ich schon erwähnt habe und die in den Vereinigten Staaten lebten, mich eingeladen, herüberzukommen, sie zu besuchen und zu sehen, ob es mir dort gefiel. Aus den Gründen, die ich genannt habe, hatte ich keine Arbeit in England finden können. Also reichte ich 1959 bei dem Verlag in Amsterdam meine Kündigung ein und nahm ein Flugzeug in die Staaten. Damals war es immer noch ein Propellerflugzeug, und es dauerte viele, viele Flugstunden bis zur Ankunft. Ich kam in New York an, warm angezogen, mit meinem dicksten Wintermantel. Von New York nahm ich ein anderes Flugzeug nach Kalifornien, wo Fred und Jetty lebten. Als ich im Februar in Kalifornien ankam, lernte ich typisch kalifornisches Wetter kennen: warm – damals immer noch „sehr heiß" nach meinem Empfinden – und sonnig. Mein Mantel war viel zu warm, und ich brauchte weder den Schal, den ich um meinen Hals trug, noch die Handschuhe, die ich anhatte. Sonnenbaden im Februar – wer hatte so etwas schon gehört? Unglaublich! Fantastisch! Aber wahr!

Ich verbrachte einige Zeit mit Nichtstun und entschied mich dann, aufs College zu gehen. Ich bewarb mich bei der UCLA, der Universität von Kalifornien, in Los Angeles und wurde aufgenommen. Ein Jahr wurde mir angerechnet für die Zeit an der Universität von Genf. Wie in Genf studierte ich Sprachen und machte Französisch zu meinem Hauptfach. Ich nahm an, dass niemand daran interessiert sein würde, Niederländisch zu lernen – wozu auch? – und dass zahlreiche Amerikaner Englisch besser unterrichten konnten als ich, und ich wollte nicht Deutsch unterrichten. Also blieb Französisch übrig. Sobald ich an der Universität angenommen war, zog ich in ein Wohnheim. Ich hoffte, dort und in den Seminaren ein paar Freunde zu finden, aber diese Hoffnung erfüllte sich nicht. Im Rückblick denke ich, dass ich zu reserviert war und nicht wirklich in der Lage, mich anderen Menschen zu öffnen. Damals fühlte ich mich einmal mehr wie das fünfte Rad am Wagen. Mein Englisch war ziemlich flüssig, aber ich hatte natürlich einen Akzent, und die Leute fragten mich ständig, woher ich kam. Ich passte aber auch nicht richtig dazu, weil ich immer noch viel zu europäisch war. In meinem zweiten Semester machte ich eine erschreckende Erfahrung. Damals wurde an jedem letzten Freitag im Monat um zehn Uhr morgens der Luftalarm getestet, etwas, das mir niemand erzählt hatte, wahrscheinlich, weil jeder dachte, dass ich es wusste. Als ich auf dem Campus von einem Seminar zum nächsten unterwegs war, ging plötzlich der Alarm los. Ich hatte keine Zeit zum Nachdenken, irgendetwas in mir übernahm die Kontrolle, und ich rannte, so schnell ich konnte, zu dem nächsten Schutzraum, den ich kannte: zur Bibliothek, die Toiletten in ihrem Untergeschoss hatte. Ich rannte die Treppe hinunter, lief zur Toilette und kauerte mich hin, zitterte und schlotterte vor Angst. So verharrte ich etwa zwanzig Minuten lang, während ich versuchte, mich selbst davon zu überzeugen, dass dies wirklich *kein* Luftangriff war, auch kein Bombenangriff, und dass nichts passiert war und dass wir nicht mehr das Jahr 1941 oder 1943 schrieben, sondern 1960, und dass der Krieg vorbei war. Vorbei?

Offenbar nicht, jedenfalls nicht für mich. Ich verpasste das Seminar an diesem Tag – aber es kam mir nicht in den Sinn, dass ich Hilfe brauchte. Ich dachte, dass es sich um einen einzelnen Vorfall handelte, dass ich nicht noch einmal auf diese Weise reagieren würde und dass alles in Ordnung war. Was für eine Art Hilfe hätte das auch sein sollen? In Europa hieß es damals, wenn Leute zum Psychologen oder Psychiater gingen: „Die sind verrückt." Ich wusste, dass *ich* nicht verrückt war, ich hatte nur Angst gehabt, sonst nichts. Es war nichts. Ich konnte damals nicht damit umgehen. Ich erzählte niemandem davon, aber ich redete mir ein, dass es mir gut ging. Ich hatte mich damit arrangiert.

Es geht mir gut. Ich komme damit klar. Ich brauche niemanden. Warum sollte ich mir Hilfe suchen? Nein, nein, denk nicht darüber nach, du brauchst keine Hilfe, sagte ich zu mir selbst. *Niemand will hören, was geschehen ist. Reicht es nicht, dass du nicht von hier bist, dass du anders bist? Mach es nicht noch schlimmer. Du kannst sowieso nicht wirklich sagen, was du sagen willst. Es ist gar kein Problem. Es geht vorbei, besonders wenn du nicht daran denkst. Du bist schließlich nicht verrückt, nicht mal ein kleines bisschen. Hör auf damit, niemand kann etwas daran ändern.*

„Das" war natürlich die Vergangenheit. Damals stellte mir niemand Fragen, keiner wollte hören, was uns in Europa widerfahren war, und wir, die Überlebenden, konnten überhaupt nicht darüber sprechen. Ich sah mich nie als „Überlebende" oder als „Opfer": Das waren keine Worte, die wir damals benutzt haben. Es hatte den Krieg gegeben, und er war furchtbar gewesen, aber jetzt war all das vorbei. Denk nicht daran, es geht vorbei. Das war nicht nur mein Gedanke, es war eine allgemeine Empfindung, zumindest das Gefühl der Leute, die ich kannte.

Auf jeden Fall war es so in meiner Familie und in der kleinen Gemeinschaft der Juden, die wir, meine Familie und ich, kannten.

Irgendwann in den drei Jahren, die ich brauchte, um meinen Bachelor of Arts zu machen, entschied ich mich, für immer in den Vereinigten Staaten zu bleiben. Ich dachte nicht darüber nach, warum ich bleiben wollte. Ich fühlte mich freier, entspannter als in Europa. Es schien fast so, als ob ich leichter atmen konnte. Ich konnte dort unabhängiger sein. Viele Jahre später wurde mir klar, dass ich hatte bleiben wollen, weil es hier in den USA keine Gespenster gab. Natürlich waren mir meine Gespenster inzwischen gefolgt, hatten sie den Schlüssel zu meiner geheimen Schublade gefunden und aufgeschlossen. Aber das war sehr viel später. Fürs Erste kümmerte ich mich darum, meine Greencard zu bekommen und die verschiedenen Papiere zu beschaffen, die gebraucht wurden. Dann erhielt ich meinen B.A. in Französisch, mit Deutsch als Nebenfach. Falls ich unterrichten wollte – und das wollte ich –, brauchte ich auch einen Master of Arts. Also setzte ich mein Studium fort. Obwohl ich mich in den Vereinigten Staaten wohlfühlte, hatte ich trotzdem den Eindruck, „anders" zu sein. Ich nahm an, dass es daran lag, dass ich eine Immigrantin war, anders erzogen worden war, andere Gewohnheiten hatte und andere Benimmregeln befolgte, dass ich andere Manieren hatte und natürlich einen Akzent hatte. Wegen des Akzentes wurde mir nahegelegt, nicht in der Grundschule zu unterrichten. Man befürchtete, dass die Kinder meinen Akzent aufschnappen könnten, und das war nicht gut. Stattdessen studierte ich, um mich als Lehrerin zu qualifizieren für das, was man damals Junior College nannte und heute Community College nennt.

Meine Mutter und mein Vater, 1968.

Meine Mutter, ich und mein Vater, Mitte der siebziger Jahre.

Mein erster Job

Den Sommer nach dem Semester, in dem ich meinen B.A. bekam, verbrachte ich im „French House". Tatsächlich war es das gleiche Wohnheim, in dem ich während des Schuljahres untergebracht war, aber jetzt wohnten dort nur Französischstudenten, Studierende aller Levels. Es wurde ausschließlich Französisch gesprochen, wir diskutierten beim Essen und stellten auch ein Theaterstück auf die Beine, alles auf Französisch. Während des Sommers schlug einer meiner Professoren vor, dass ich mich für den Posten der Assistenzprofessorin bewerben sollte, weil ich dabei war, den M.A. auf Französisch zu machen. Das hörte sich gut an. Ich bewarb mich und wurde zu meiner großen Überraschung benommen. Also hatte ich jetzt einen Job und konnte tatsächlich ein bisschen Geld verdienen. Wie mein Job in Amsterdam brachte mir diese Stelle nicht sehr viel ein. Meine Mutter sagte: „Zum Leben zu wenig, zum Sterben zu viel." Ein wahreres Wort ist niemals ausgesprochen worden – aber die Lehrerfahrung war ungeheuer wertvoll. Wir hatten einen Tag in der Woche zu unterrichten, für gewöhnlich zunächst einmal in der untersten Stufe. Im zweiten Semester unterrichteten wir Zweitsemester in Französisch, im dritten Semester Studierende im dritten Semester und so weiter. Zusätzlich gaben wir zweimal die Woche Konversationsunterricht und arbeiteten im Sprachlabor, hörten den Studentinnen und Studenten zu und korrigierten ihre

Aussprache und Grammatik. Zwischen all dem besuchten wir unsere eigenen Seminare und lernten für die kurz bevorstehenden Masterprüfungen. Zwei Jahre schienen eine lange Zeit zu sein, aber die Prüfungen lauerten sehr bald auf uns.

Als ich mir meinen M.A. verdient hatte, brauchte ich einen „echten" Job, einen, von dem ich meinen Lebensunterhalt bestreiten konnte. Eine meiner Freundinnen, die auch Lehrerin war, sagte mir, dass die UCCLA eine Art Register hatte, in das man sich eintragen konnte. Wenn ein Job zu haben war, wurde man angerufen. Ich tat das und wurde fast sofort benachrichtigt. Wie gesagt, war mein Hauptfach Französisch und mein Nebenfach Deutsch. Dieser spezielle Job am Pasadena City College, auch bekannt als PCC, eine Langzeitvertretung, war tatsächlich für das Hauptfach Deutsch und das Nebenfach Französisch. Trotzdem ging ich hin und bewarb mich und bekam zu meiner Freude die Stelle, die, so wurde mir gesagt, nach dem ersten Semester in eine Vollzeitstelle umgewandelt werden würde. Ich ging zu einem Bewerbungsgespräch, sehr ängstlich, weil ich so etwas noch nie gemacht hatte, und man sagte mir, dass ich mit einem Lehrer Französisch und mit einem anderen Deutsch reden sollte, damit sie hören konnten, wie gut – oder wie schlecht – ich in meinen Sprachen war. Danach sprach der Fachbereichsleiter eine Weile mit mir, und ich wies darauf hin, dass ich eine Einwanderin und eine Jüdin war, weil ich dachte, dass sie, wenn sie mich aus einem der beiden Gründe nicht nehmen würden, dann wäre es raus, und ich würde den Job nicht nur bekommen, nur um später gefeuert zu werden. Was ich nicht wusste und erst sehr viel später erfuhr, war, dass der Fachbereichsleiter selbst ein Einwanderer und ein Jude war, und wie ich ein Holocaustüberlebender. Ich fand bald heraus, dass die

Tatsache, dass ich eine Immigrantin war, überhaupt keine Rolle spielte: Die meisten meiner neuen Kolleginnen und Kollegen waren auch eingewandert. Viele verschiedene Akzente waren in dem Fachbereich im Umlauf, und wir lachten alle über die vielen verschiedenen Fehler, zu denen wir im Englischen fähig waren. Wir alle sprachen neben Englisch noch mindestens zwei andere Sprachen. Es war eine sehr gute Schule und ein sehr guter Fachbereich, und mit meinen neuen Kolleginnen und Kollegen war sehr leicht auszukommen.

Wieder aber fand ich keine engen Freunde unter ihnen. Zum Teil war das meine Absicht, weil ich nicht den ganzen Tag mit denselben Leuten zusammenarbeiten wollte, mit denen ich nach der Schule befreundet war. Ich dachte, das sei keine sehr gute Idee – ein bisschen einengend. Zum Teil war es auch wegen meiner sozialen Fähigkeiten – wie man heute sagt –, die sehr armselig waren. Dass meine Eltern nach dem Krieg so introvertiert waren, hatte mich geprägt. Ich fand niemals leicht Freunde. Wenn man soziale Fähigkeiten nicht zu Hause lernt, wo denn dann? Mir wurde klar, dass ich das nicht gelernt hatte. Und dann war da noch die Tatsache, dass ich nicht in den Vereinigten Staaten aufgewachsen war und deshalb nicht die gleichen Kindheitserfahrungen gemacht hatte, nicht mit den gleichen Spielen, Fernseh- und Radiosendungen aufgewachsen war wie diejenigen, die in den USA geboren waren. All das, und wahrscheinlich noch andere Faktoren, hielt mich davon ab, enge Freunde zu finden. Ich schloss ab und zu eine enge Freundschaft mit einer Kollegin, aber es brauchte einige Jahre. Es war mir nicht bewusst, dass ich, wenn ich Freunde wollte, rausgehen und welche finden musste. Dass sie nicht auf mich zukommen würden. Das wurde mir erst sehr viel später klar. Es gab keine Ängste mehr wie die

Angst bei dem Alarm in der UCCLA. Wenn wir am PCC Feuer- oder Erdbebenalarm hatten, wussten wir Lehrkräfte das vorher, und man sagte uns, wohin wir zu gehen und was wir zu tun hatten, wohin wir unsere Schülerinnen und Schüler führen sollten und was wir dabei haben sollten. Diese Alarmübungen überraschten mich nicht und obwohl ich mich danach unwohl fühlte, dachte ich mir nichts dabei. Beim Blick zurück sollte die erste Angst mich darauf aufmerksam gemacht haben, dass etwas, um es milde auszudrücken, nicht ganz in Ordnung war. Die Tatsache, dass ich mich unwohl fühlte nach angekündigten Feuer- oder Erdbebenalarmen hätte das Gleiche bewirken können. Aber weil mir in meiner Kindheit so gut beigebracht worden war, alles wegzuschieben, packte ich das alles in eine Schublade, verschloss sie fest und warf den Schlüssel weg. Die ganze Zeit versicherte ich mir selbst, dass es mir gut ging. Ich hatte mich wunderbar eingelebt, immerhin war ich „nur" in Theresienstadt gewesen, das, wie die Deutschen sagten, ein Lager für privilegierte Leute war. Also war mir nichts Schlimmes geschehen, anderen war es viel schlimmer ergangen. Und damit hatte es sich, für lange Zeit.

Ich hatte Freude am Unterrichten und mochte meine Studenten. Ich fand heraus, dass ich tatsächlich eine gute Lehrerin war. Das gab mir ein gutes Gefühl, denn es war etwas, dass ich erreicht hatte. Es war nichts, das ich geerbt hatte oder das mir jemand gegeben hätte. Ich fand auch heraus, dass ich mich nicht dazu eigne, Mitglied eines Komitees zu sein. Wir Lehrerinnen mussten verschiedenen Ausschüssen angehören, und so gut ich konnte, versuchte ich, das zu vermeiden. Ich konnte es nicht vollständig umgehen, aber häufig gelang es mir. Alles in allem war ich sehr glücklich mit meiner Berufswahl.

Gabriele im Unterricht, etwa im Jahr 1999, mit Mitte Sechzig.

DIE JAHRE DAZWISCHEN

Viele Jahre lief es so. Ich blieb „taub" in dem Sinn, dass ich nicht an die Kriegsjahre dachte. Es hatte meiner Meinung nach keinen Sinn, darüber nachzudenken, weil ich nicht darüber sprechen konnte. Warum also sollte ich das alles auf den Tisch bringen, auch nur vor mir selbst? Darüber nachzudenken, würde mir nur Migräne einbringen oder vielleicht schlechte Träume. Noch keine Albträume, aber Träume, aus denen ich unter Schock aufwachte, obwohl ich mich nicht daran erinnern konnte, wovon ich geträumt hatte. Außerdem glaubten die erwachsenen Überlebenden, die ich kannte, also diejenigen, die schon Erwachsene gewesen waren, als der Krieg begann, sowieso nichts von dem glaubten, was ich dazu zu sagen hatte. Bei den wenigen Gelegenheiten, bei denen zum Beispiel Jetty die Lager erwähnte, sollte sich die Unterhaltung wie folgt entwickeln. Jetty würde etwas über den Schlamm in Westerbork sagen:

„Alles wurde immer zu Matsch, wenn es regnete. Erinnerst du dich an die ‚Hauptstraße'? Jedesmal, wenn es regnete, wurde es ein Schlammloch."
„Jetty, erinnerst du dich an das von Westerbork? Wenn die Züge wegfuhren, hatte der Kommandant seinen Hund mit an der Bahn. Er hatte ihn auch dabei, wenn er durch das Lager ging. Ich hatte immer Angst vor diesem Hund. Es war ein deutscher Schäferhund. Ich versuchte

mich in den Baracken zu verstecken, weil ich nie wusste, was er tun würde oder ob der Hund angreifen würde."

„Nein, nein, das kann nicht stimmen. Ich habe nie einen Hund gesehen. Ich bin sicher, da war kein Hund. Ich weiß, dass ich ihn gesehen hätte. Du warst bloß ein Kind, wie kannst du dich überhaupt an so etwas erinnern? Du hättest auch keine Angst gehabt, weil du nur ein Kind warst. Du mochtest Hunde. Du denkst dir das aus. Da war kein Hund, als wir auf den Transport gekommen sind."

Die ganze Zeit über hörte ich so etwas von Jetty. Ich kannte damals nicht viele erwachsene Überlebende, aber meine Eltern hatten gelegentlich das Gleiche gesagt. Viel später, als ich das erste Mal auf einer Versammlung von Überlebenden war, hörte ich das Gleiche von anderen, die während der Kriegsjahre Erwachsene gewesen waren. Da ich „nur" ein Kind gewesen war, konnte ich gelitten haben, konnte ich mich jetzt nicht erinnern, konnte ich nicht verstanden haben, was vor sich gegangen war. Ich hatte mir das bestimmt alles nur eingebildet. Etwa 1998, als ich 65 Jahre alt war, sagte ein erwachsener Über- lebender zu mir:

„Du weißt das nicht. Daran kannst du dich gar nicht erinnern – du warst bloß ein Kind. Du hast das nicht verstanden. Du scheinst doch gut zurechtgekommen zu sein, du bist allein hierhin und dorthin. Du kannst das jedenfalls nicht wissen, du bist nur ein Kind."

„Bist", nicht „warst". Diese Art von Unterhaltung und die Ausdrucksweise entwerteten meine Erinnerungen so gründlich, dass ich zu viele Jahre später noch dachte, dass ich mir vieles, wie den Hund, ausgedacht hatte. Es konnte nicht geschehen sein. Was den Hund betrifft, fuhr ich in den späten Achtzigern nach Holland und zum Niederländischen Institut für Kriegsdokumentation in Amsterdam. In den Schachteln dort, die voll mit Fotografien aus Westerbork waren, fand ich eine Aufnahme, die den Kommandanten von Westerbork mit seinem Hund zeigte. Ich fühlte mich, als ob ich ein Stück von mir zurückbekommen hätte. Doch... mit wem hätte ich darüber sprechen sollen, selbst wenn ich es gewollt hätte? Wenn ich dazu imstande gewesen wäre? Wer hätte mir zugehört? Inzwischen waren meine Eltern gestorben, also konnte ich sie nicht fragen. Gab es da irgendjemand anderen? Ich glaube, nicht. Nicht, dass ich wüsste.

Damals dachte ich auch, dass ich vermutlich, sogar sehr wahrscheinlich das einzige Kind war, das als Kind überlebt hatte. Ich kannte keine anderen Child Survivors. Deshalb dachte ich, dass meine Reaktionen auf verschiedene Dinge dumm waren, sogar absurd. Ich kannte niemand anderen, der, wenn er in ein Restaurant oder ein anderes öffentliches Gebäude ging, sofort nach einem zweiten Ausgang Ausschau hielt. Ich kannte keine andere Frau, die Beklemmungen bekam, wenn sie Sirenen hörte. Ich kannte keinen anderen, der sich unwohl fühlte, wenn er in einer Schlange stand, wie zum Beispiel in einer Cafeteria. Ich kannte keine andere, die, automatisch große Mengen Seife und Toilettenpapier zu Hause hortete, die es nervös machte, wenn das nicht der Fall war. Ich dachte, dass ich vielleicht doch verrückt war. Zumindest dachte ich, dass ich nicht „normal" war.

Wie auch immer, es gefiel mir am PCC. Ich liebte es zu lehren, ich mochte sowohl meine Kolleginnen und Kollegen als auch meine Studentinnen und Studenten. Ich schaffte es, ein Haus zu kaufen, und genoss das Gefühl. Es hatte einen kleinen Hinterhof und einen kleinen Vorgarten, und ich begann Blumen und andere Pflanzen zu pflanzen und hatte Freude an der Gartenarbeit. Während der Sommerferien reiste ich nach Europa, um meine Eltern zu besuchen. Wenn irgendjemand mich fragte, was ich im Sommer tun würde, sagte ich: *„Ich fahre heim, meine Eltern besuchen."*

Natürlich sagte ich am Ende meines Aufenthaltes auch: *„Ich fahre heim, zurück nach Kalifornien."* Tatsächlich aber war ich weder in Europa noch in Kalifornien „daheim". Wer eingewandert ist, neigt dazu, „auf dem Zaun zu sitzen", wie einer meiner Cousins einmal gesagt hat, und das tat ich ganz bestimmt. Nach mehr als dreiundvierzig Jahren in Kalifornien, als ich dieses Buch schrieb, gab es immer noch Zeiten, in denen ich mich eher europäisch als amerikanisch fühlte, und es gab Zeiten in Europa, in denen ich mich eher amerikanisch als europäisch fühlte. Ich gehöre nicht länger nach Europa. Ich werde niemals ganz nach Amerika gehören.

Im Jahr 1978 lief die Miniserie „Holocaust" im Fernsehen. Ich sah sie mir an, wie alle anderen. Meine einzige Reaktion darauf war: Es war zu sauber.

So haben wir nicht ausgesehen. Wir waren ausgemergelt, wir waren schmutziger als die Fernsehcharaktere. Der Schmutz war uns anzusehen. Wir hatten keine Seife oder nur sehr wenig und konnten uns nicht waschen. Das Wasser wurde sehr oft abgestellt, sodass die Seife sowieso nicht geholfen hätte. Wir stanken. Unsere Kleider waren alt, löchrig und schmutzig. Wir konnten keine neuen Kleider bekommen. Mit etwas Glück beschafften wir uns Kleider von jemandem, der gestorben war. Theresienstadt, wo ein Teil von „Holocaust" spielte, war überbelegt, du konntest nicht auf der Straße laufen, ohne in Leute hineinzurennen. Überall waren Leute. Sie saßen auf der

Straße, lagen auf der Straße, schliefen auf der Straße, starben auf der Straße. Nichts davon ist in dem Film zu sehen. Die Zimmer waren schmutzig, staubig, sogar matschig, wenn es geregnet hat. Es gab viel zu wenig zu essen. Wir haben gehungert, waren ernsthaft unterernährt. Wenn es so gewesen wäre, wie es da gezeigt wird, hätten wir gedacht, wir sind im Paradies!

Es war meine erste Erfahrung mit einem sauberen und aufgeräumten Holocaust. Das war nicht meine letzte. Wie auch immer, nicht einmal die Fernsehserie „Holocaust" bewegte damals irgendetwas in mir. Die Serie berührte viele andere Menschen, aber das konnte ich nicht verstehen. Für mich war es nur eine Art „aufgeräumtes" Bild, das nicht mehr die Wirklichkeit zeigte, die Wahrheit, die ich gesehen und gekannt hatte. Es war ein Film unter dem Titel „Holocaust", aber es war nicht die Wahrheit von uns Häftlingen. Es war eine erfundene Stadt mit Schauspielern, während wir echte Häftlinge gewesen waren. Es war kein Vergleich zu dem echten Ding.

Im Jahr 1983 ging ich in Pension und verließ das PCC, wurde dann aber ein Jahr später zurückgerufen, um eine Vertretung zu übernehmen, und ging 1984 noch einmal in Pension. Bis zum Ende dieses Jahres hatte ich angefangen, Probleme mit der Vergangenheit zu haben, und begann zu denken, dass ich dieses Mal verrückt wurde – dass ich nicht „normal" war.

SCHWIERIGKEITEN

Gegen Ende des Jahres 1984 hatte ich, was ich damals „Bilderinnerungen" nannte. Es waren keine echten Erinnerungen, in denen man eine Erinnerung im Gedächtnis aufruft, sie sich ansieht und dann loslässt. Es ist, als ob man sich eine Fotografie anschaut. Ein Stillleben. Was mit mir geschah, war aber etwas anderes. Es war zwar eine Erinnerung, das schon, aber ich rief sie mir nicht willentlich ins Gedächtnis, ich sah sie mir nicht an, und es war kein Stillleben. Stattdessen sah ich diese sich bewegenden Bilder zu allen möglichen Zeiten, und ich war mitten drin. Eines, das ich anfangs sehr oft sah, war ein Bild von Westerbork. Ich sah die Baracken, sah die sandige Straße, den Schlamm im Regen, und sah mich selbst, zehn Jahre alt, so schnell vor etwas davonrennen, wie ich konnte.

Dieses „Etwas", das, vor dem ich Angst hatte, war niemals sichtbar. Und das Wegrennen in der „Bilderinnerung" ließ mich atemlos zurück. Ich war auch in Wirklichkeit verängstigt. Es war mehr als eine Erinnerung, es war etwas, das wieder geschah. Später lernte ich, dass so etwas „Flashback" genannt wurde. Es waren zuerst nur wenige, aber sie wurden häufiger und beängstigender. Ich durchlebte eine ganze Reihe von Szenen sowohl aus Westerbork als auch aus Theresienstadt erneut.

Ich hatte keine Ahnung, was ich unternehmen sollte, begann aber zu denken, dass ich meinen Arzt um eine

Überweisung zu einem Psychologen bitten sollte. Dieser Eindruck verfestigte sich mit jeder weiteren „Bilderinnerung". Ich begann schließlich ernsthaft darüber nachzudenken, mir Hilfe zu suchen. Damals ereigneten sich verschiedene Dinge gleichzeitig. Ich belegte Seminare an der California State University, Fullerton, und erfuhr von einem Treffen eines Geschichtsvereins, bei dem eine Psychologin über erwachsene Überlebende sprechen würde. Also ging ich zu diesem Treffen. Theresienstadt wurde erwähnt. Nach dem Treffen ging ich hin und stellte mich vor und sagte, dass ich auch dort gewesen war, aber als Kind. Die Psychologin gab mir eine Telefonnummer, die ich anrufen sollte. Ich sprach mit einer anderen Psychologin, und für eine Weile war das alles.

Anfang 1985, vierzig Jahre nach Kriegsende, rief mich die erste Psychologin an und wollte wissen, ob ich daran interessiert sei, an einer Diskussionsgruppe teilzunehmen, die sie gemeinsam mit dem zweiten Psychologen leitete, den ich angerufen hatte. Ich ergriff die Chance spontan, und als ich das erste Mal hinging, fand ich heraus, dass die Gruppe ausschließlich aus Child Survivors bestand. Wie ich hatten sie alle geglaubt, das einzige Kind zu sein, das den Holocaust überlebt hatte. Einige waren wie ich im Konzentrationslager gewesen, andere hatten den ganzen Krieg oder einige Jahre in einem Versteck überlebt. Trotz unserer unterschiedlichen Erfahrungen fand ich, dass unsere hauptsächlichen Erfahrungen die gleichen waren: ein Gefühl des Verlustes, des Verlassenwerdens, Erinnerungen zu haben, die die Erwachsenen nicht anerkannten und in vielen Fällen nicht für wahr hielten. Wir waren schließlich *nur* Kinder. Als wir dann mehr ins Detail gingen und die Psychologinnen begannen, Fragen zu stellen, sagte ich, ich sei „nur" in Theresienstadt gewesen (nicht in einem der schlimmeren Lager), und wurde korrigiert.

Zum ersten Mal in meinem Leben sagte mir jemand, dass es keine Frage von „nur" war. Theresienstadt war furchtbar, genauso furchtbar wie jedes andere Lager, egal, was die Propaganda darüber verbreitet hatte – es war furchtbar. Nur ein Drittel der Häftlinge überlebte, und von den 15000 Kindern unter fünfzehn Jahren, die irgendwann dort gewesen waren, überlebten nur etwa 125. Zum ersten Mal in meinem Leben wurden meine Erinnerungen ernstgenommen. Wenn ich mich daran erinnerte, dass es einen Hund in Westerbork gegeben hatte, dann war ein Hund dort gewesen. Es war eine Offenbarung!

Kurz nachdem diese Diskussionsgruppe gegründet worden war, lud mich jemand, mit dem ich inzwischen befreundet bin, zu einem Treffen der Child Survivors ein. Ich ging hin, und es war eine weitere Offenbarung: In dieser Runde gab es viele Child Survivors, genau wie ich, einige jünger, einige älter, die in den Lagern oder untergetaucht gewesen waren, die als Christen durchgegangen oder in Wäldern herumgewandert waren. Einige von ihnen hatten mehr als eine dieser Situationen durchlebt. Es war wie ein Wunder, so viele Child Survivors in einem Raum zu sehen und zu wissen, dass sie alle auf gewisse Weise den Holocaust durchlebt hatten. Von da an ging ich regelmäßig zu den Treffen und engagierte mich stark in dieser Gruppe, die Child Survivors of the Holocaust, Los Angeles, genannt wird. Ich hatte keine Ahnung gehabt, dass so viele Kinder überlebt hatten. Unsere Erfahrungen waren natürlich unterschiedlich, was die Einzelheiten anging, aber doch so eng verbunden, dass wir leicht miteinander sprechen konnten, wir verstanden einander, unsere Erfahrungen. Die Gruppe war Mitte 1983 ins Leben gerufen worden, und wir wuchsen sehr, sehr schnell zusammen.

Die Originalgruppe war 1983 in Los Angeles von ein paar wenigen Leuten gegründet worden, die auf Einladung der Psychologin zu der Diskussionsgruppe gekommen waren. Sie erzählten mir, dass sie sofort gewusst hatten, dass sie sich wieder treffen wollten. Also taten sie es, und die Gruppe wuchs dank der Mundpropaganda. Als ich Mitglied wurde, waren wir vielleicht 150 Child Survivors. In dem Jahr, als ich dieses Buch schrieb, hatte die Gruppe allein im Großraum Los Angeles mehr als 400 Mitglieder. Wir hatten – und haben – alle möglichen Sorten von Aktivitäten, einige sollen einfach nur Freude machen, andere sind dazu gedacht, uns zu helfen. Wir sind sowohl eine Selbsthilfegruppe als auch eine Familie, die Geschwister, die so viele von uns entweder im Holocaust verloren oder nie bekommen haben. Wir konnten – und können – über unsere Vergangenheit sprechen, und wir wissen, wir werden nicht ausgelacht, niemand wird sagen, dass wir „nur" Kinder waren, niemand wird sagen, dass wir uns an bestimmte Dinge nicht erinnern oder etwas nicht wissen können. Und, das ist vielleicht das Beste an allem, wir mussten niemandem etwas im Detail erklären. Wie die Holländer sagen: Die anderen Child Survivors hörten mit „einem halben Ohr" zu und verstanden. Als die Zeit verging, kamen andere Gruppen zusammen, in anderen Bundesstaaten der USA, sodass es im Jahr 2002 in praktisch in jedem Staat der USA eine Child Survivor's Gruppe gab. Inzwischen gibt es Child Survivor's Gruppen in Belgien, Frankreich, den Niederlanden, England, der Tschechischen Republik, Polen und anderen europäischen Ländern, in Kanada, in Israel, in Lateinamerika, in Südafrika und in Australien.

Im Jahr 1988 hatten wir unsere erste internationale Tagung. Etwa 125 Child Survivors tauchten dort auf. Wir hatten – und haben – von da an jedes Jahr eine International Child Survivor's Conference, an verschiedenen Orten und in unterschiedlichen Ländern. Um die Jahrtausendwende nahmen für gewöhnlich zwischen 300 und 400 Leute teil, die von überall auf der Welt kamen.

Die Diskussionsgruppe, der ich mich angeschlossen hatte, löste sich nach acht Wochen auf, und ich war mir darüber im Klaren, dass acht Wochen nicht genug gewesen waren. All die aufgestaute Wut, Angst und Traurigkeit konnte nicht innerhalb von acht Wochen ausgesprochen werden. Also ging ich in Therapie, die fünf Jahre dauern sollte, nach denen ich, wie eine meiner Freundinnen es nennt, „graduiert" war. Heißt das, dass das jetzt alles raus aus meinem Kopf und vergessen ist? Nun..., nein. Was es aber bedeutet, ist, dass ich nicht länger denke, dass ich vielleicht verrückt werde, wenn ich eine Vision habe oder auf etwas reagiere. Sind meine Gespenster verschwunden? Nun..., nein. Sie sind alle noch da, sie werden immer um sich sein. Aber sie sind keine Feinde mehr, die ich in eine Schublade einschließe, um dann den Schlüssel wegzuwerfen.

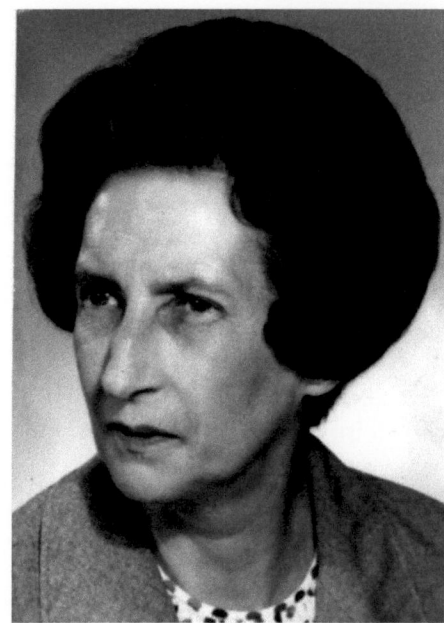

Meine Mutter 1976,
im Alter von 67 Jahren.

Meine Großmutter Gertrud
Teppich, geborene Herz,
die Mutter meiner Mutter,
etwa im Jahr 1935.

Mein Vater in
jungen Jahren.

Mein Großvater Ernst Silten,
der Vater meines Vaters,
1942, im Alter von 76 Jahren.

DIE SPÄTEREN JAHRE

„Die späteren Jahre" – was heißt das? Sind es die späten Kriegsjahre? Oder die späteren Jahre meines Lebens? Tatsächlich sind die „späteren Jahre" jetzt. Sie sind die Gegenwart, obwohl sie auch die Vergangenheit sind. Eine meiner etwas entfernten Cousinen hat mir einmal gesagt: *„Es ist Zeit, die Gespenster zur Seite zu legen."* Natürlich hatte sie Recht. Es gibt nur ein Problem: Die Geister werden sich nicht schlafen legen oder weggehen. Sie werden immer da sein und zu unpassenden und unvorhersehbaren Momenten wie aus dem Nichts auftauchen. Sie schauen mir über die Schulter und sind immer bei mir. Sie treten vor und sagen: *„Halt mal, guck mich an! Ich bin hier."* Sie kommen unentwegt wieder, häufig dann, wenn du es am wenigstens erwartest, und sie attackieren dich, wenn du am wenigsten in der Lage bist, dich zu verteidigen.

Es ist geht nicht darum, die Geister loszuwerden, es geht darum, herauszufinden, wie man mit ihnen leben kann. Die Vergangenheit mischt sich die ganze Zeit in das Leben ein. Ich habe schon eine Reihe von Beispielen dafür genannt, hier ist ein weiteres. Etwas, das passierte, als eine Freundin und ich die besagte Cousine besuchen wollten. Wir waren in einem Bahnhof in London. Normalerweise kann man zu seinem Gleis gehen und dort warten. Dieses Mal wurden die Reisenden gebeten, vor einer geschlossenen Tür zu warten. Eine Fläche war mit einem Seil abgesperrt, und wir sollten hinter diesem Seil warten. Ich begann, mich unwohl zu fühlen, es war eine eigenartige Situation. Niemand wusste, warum es an diesem Tag anders war als sonst. Plötzlich erschien ein Mann in Uniform – keine Militäruniform, sondern irgendeine andere Sorte. Ich weiß nicht, ob dieser Mann Polizist war oder etwas anderes. Zu seiner Uniform trug er hohe, schwarze Stiefel. Ich begann zu zittern, wusste aber immer noch nicht, was vor sich ging. Dann sah ich, dass dieser Uniformierte auch noch einen Hund an einer Leine hatte, einen deutschen Schäferhund. In diesem Moment bin ich „ausgerastet". Ich konnte nirgendwohin, es gab keine Möglichkeit, wegzurennen, ich konnte nicht fliehen. Ich versteckte mich hinter meiner Freundin, die größer ist als ich, und konnte kaum die Worte herausbringen: *„Er hat einen Hund!"* Einige der anderen Reisenden hörten mich und schauten sich nach mir um. Mein Gesicht muss aschfahl gewesen sein, nach den Mienen der anderen zu schließen, aber die Briten sind sehr höflich, und niemand sagte etwas oder stellte Fragen. Es dauerte nicht lange, und die Tür zum Gleis wurde geöffnet und es wurde uns erlaubt, unsere Plätze im Zug einzunehmen. Ich war sicher gewesen, dass es Viehwaggons sein würden, aber natürlich waren es keine. Es waren normale Passagier-züge. Es muss etwa eine gute halbe Stunde gedauert haben, bis ich aufhörte zu zittern und meine Atmung sich normalisierte. Was war geschehen? Wir fanden nie heraus, warum die Fläche abgesperrt gewesen war oder warum der Mann in Uniform einen Hund dabei gehabt hatte. Westerbork im heutigen Leben!

Die nächsten Störungen waren anders und weniger beängstigend, aber genauso klar und genauso Teil der Vergangenheit. Vor Jahrzehnten war ich in einem Hotel mit einigen Freunden. Am Morgen kamen wir runter zu einem ausladenden Frühstückbüffet, auf dem alles stand, was man sich nur wünschen konnte. Unter anderem gab es knusprige Brötchen, weiche Brötchen, Nussbrot und Scheiben von unterschiedlichen Brotsorten. Eine meiner Freundinnen sagte ziemlich ungehalten: *„Es gibt keinen Toast!"* Mein erster Gedanke – und es gelang mir, es nicht laut zu sagen, war: *Sei froh, dass du Brot hast – was könntest du mehr wollen?* Wieder einmal Westerbork im heutigen Leben. Offensichtlich sagt mir mein Gehirn, dass der Mann mit dem Hund nicht hinter mir persönlich her war, aber meine Gefühle kamen mir in den Weg. Mein Gehirn sagt mir, dass es okay ist, Toast zu wollen – aber meine Gespenster sagen mir, dass ich zufrieden sein soll mit dem, was ich habe.

Vielleicht bedeuten mir viele materielle Dinge heute nichts, weil ich sowohl während des Krieges als auch viele Jahre nach dem Krieg nichts gehabt habe. Ja, ich wäre traurig und bestürzt, wenn ich meine Bücher verlieren würde – aber sie sind nur *Dinge* und können ersetzt werden. Ich wäre traurig und bestürzt, wenn ich meine Kunstwerke verlieren würde. Sie könnten nicht ersetzt werden, aber diese Stücke sind nur Dinge. Es bedeutet mir nichts, in welches Restaurant wir gehen, um zu essen. Eins ist so gut wie das andere. Wenn ich niemals wieder dorthin gehen würde, wäre ich vielleicht traurig, aber es nur ein *Ding*. Wenn ich mein Haus verlieren würde, wäre ich ganz sicher traurig und bestürzt, aber es ist auch nur ein *Ding*, und mit Glück kann es ersetzt werden. Was nicht ersetzt werden kann, ist mein Leben – und ich hatte Glück genug, um eine große Anzahl von „Bonusjahren" zu haben. Ich hatte als Kind sterben sollen. Hitler hatte das entschieden. Aber hier bin ich, mehr als sechsundsiebzig Jahre nach dem Krieg, und lebe immer noch. Mein Leben zählt – zumindest für mich. Meine Familienfotos zählen

– zumindest für mich. Nichts davon kann ersetzt werden. Irgendwie und irgendwann – und ich weiß nicht, wann genau – habe ich mich von materiellen Dingen gelöst, und sie zählen nicht länger. Meine Freunde zählen und können nicht ersetzt werden. Meine Cousinen und Cousins, also meine Familie oder das, was von ihr übrig ist, zählt und kann nicht ersetzt werden.

Es gibt andere Dinge, die zählen, aber sie sind auch nicht materiell. Was geschah, war geschehen, weil wir Juden waren. Weil wir Juden waren, mussten wir den gelben Stern tragen. Weil wir Juden waren, mussten wir vom Rest der Bevölkerung getrennt werden. Weil wir Juden waren, waren wir „unwertes Leben". Weil wir Juden waren, wurden wir in Konzentrationslager gesperrt. Weil wir Juden waren, wurden wir in Gaskammern ermordet. Weil wir Juden waren, war nicht vorgesehen, dass wir irgendwo überleben würden. Hitler wollte die Welt „judenrein" machen. Es ist ihm nicht gelungen. Aber heute werde ich wütend, wenn jemand mir sagt, dass ich „zu empfindlich" bin, wenn ich eine antisemitische Bemerkung höre oder wenn ich gezwungen bin, mir einen rassistischen „Witz" anzuhören. Als 1991 der Golfkrieg begann, sagte ich, dass es zweifellos nicht lange dauern würde, und die Welt würde sagen, dass das alles der Fehler der Juden war. Mir wurde gesagt, dass ich „zu empfindlich" sei. Innerhalb von drei Tagen stand genau das in den Zeitungen. Also bedeutet es etwas, und es macht mich wütend, wenn mir wieder einmal gesagt wird, dass ich „zu empfindlich" bin. Es gibt mir auch das Gefühl, sehr allein zu sein.

Dann ist da die Frage des Versteckens. Einige von uns überlebten in Verstecken, auch einige von uns Child Survivors. Als wir aus dem Versteck kamen, hatte sich die Welt verändert. Viele von uns sind auf gewisse Weise immer noch in einem Versteck. Was das bedeutet? Nun, es bedeutet, dass wir unsere Geschichte nicht einfach so erzählen und meist nur dann, wenn wir gefragt werden. Viele Überlebende wollen überhaupt nicht über die Vergangenheit sprechen, sie ziehen es vor, „dazu zu passen", das heißt, sich zu verstecken. Aber verstecken kann man sich auch auf andere Weise. Bei einem Treffen mit Freunden schlug jemand vor, dass wir alle etwas erzählten, das jemandem von uns geschehen und sehr beängstigend oder sogar lebensbedrohlich war. Als ich an der Reihe war, habe ich da etwas erzählt? Nein. Alles, was ich sagte war: *„Mir ist noch nie etwas Bedrohliches passiert."* Natürlich war das Konzentrationslager überhaupt nicht lebensbedrohlich! Genauso wenig wie die Soldaten auf der Straße! Oder die heimlichen Vorräte, die wir zu Hause hatten. Oder die Transporte, die Menschen in „den Osten" brachten, von wo sie nicht zurückkamen! Habe ich etwas darüber gesagt? Natürlich nicht! Ich versteckte mich in mir selbst, und nicht einmal Freundinnen und Freunde, die mich seit fünfzig Jahren kennen und wissen, was mir widerfahren ist, reagierten auf meinen Satz. Das Einzige, was jemand sagte, war: *„Du Glückliche."* Die meiste Zeit schaffe ich es, meine Gedanken zu verbergen, wie: *„Sei froh, dass du Brot hast.".* Und es gelingt mir, nichts zu sagen. Andere verstecken andere Dinge von derselben Sorte. Aber es ist ein Verstecken, und wir können anscheinend nicht darüber hinwegkommen. Auch damit lernen wir zu leben.

Heute, in diesen späteren Jahren, bin ich traurig wegen des Kindes, das ich hätte sein können und niemals war. Wegen des Kindes, das niemals ordentlich betrauert wurde, das „starb", aber noch da ist, nicht wiedererkannt, weil ich jetzt schließlich eine „Erwachsene" bin. Weder das Kind noch die Erwachsene wissen, wie sie mit dem

„schwarzen Loch" in sich umgehen sollen, eine Jüdin zu sein, die nicht in Ordnung ist. Weder das Kind noch die Erwachsene wissen, wie sie mit den Erinnerungslücken umgehen sollen, die immer noch da sind und nicht gefüllt werden können. Weder das Kind noch die Erwachsene wissen, wie sie mit dem alten Schmerz umgehen sollen, der nicht mehr weggeht und doch so neu ist. Weder das Kind noch die Erwachsene wissen, wie sie mit den Fragen umgehen sollen, die Leute manchmal stellen: *„Wie war das in den Konzentrationslagern? Hattest du jemals Angst? Hast du gesehen, wie Leute erschossen wurden? Hast du Leute sterben sehen?"* Wie beantwortet man solche Fragen? Wie viele Jahre Zeit hat jemand, um sich die Antwort anzuhören? Wie viele Jahre lang muss ich antworten?

Der Rest – die Gegenwart

In einigen Kapiteln habe ich darüber gesprochen, dass ich mich anders fühle. 2001 habe ich ein Gedicht darüber geschrieben. Hier ist es.

Anders

Wenn ich mit anderen zusammen bin,
fühle ich mich oft anders als sie.
Ich frage mich selbst:
„Warum bin ich anders?"
„In welcher Hinsicht bin ich anders?"

Ich bin Europäerin,
lebe aber in den USA.
Bin ich eher eine Bindestrichperson
als ein ganzer Mensch?
Englisch ist nicht meine Muttersprache,
und doch spreche ich es Tag für Tag,
wenn auch mit einem Akzent.
Ich werde immer eine Fremde sein.

Ich bin eine Jüdin
in einem überwiegend christlichen Land,
und mir wird gesagt,

dass ich „zu empfindlich" bin,
wenn es um Juden geht.

Ich bin eine Holocaustüberlebende,
die in einem Land lebt,
dessen Volk
keinen Krieg aus der Nähe kennengelernt hat
seit dem Amerikanischen Bürgerkrieg.
Und als es nach 1865
in einen Krieg verwickelt war,
war dieser Krieg weit weg,
zu weit, um ihn wirklich zu erleben.

Ich lache nicht
über die gleichen Witze
wie andere,
weil ich sie nicht lustig finde.
Die Leute sagen, dass
ich einen „eigenartigen" Sinn für Humor habe.
Ich halte ihn nicht für eigenartig,
ich denke, er könnte europäisch sein.
Immerhin stamme ich
aus Europa.

Die Leute stellen mir Fragen:
„Woher kommst du?"
„Was für einen Akzent hast du?"
„Warum bist du hergekommen?"
Wenn überhaupt, stelle ich
selten derart persönliche Fragen,
und Leute finden das eigenartig.
Ich denke nicht, dass das eigenartig ist.
Ich glaube einfach, es geht mich nichts an.

Ich lächle oder lache
nicht so leicht wie andere.

Ich finde es schwierig,
übermütig zu sein.
In meiner Jugend
fanden die anderen in der Klasse mich
„sloom" (Niederländisch für langweilig),
„langweilig", sagten sie, „langsam" und „öde".
Sie sagten, ich sei zu ernsthaft.
Ich denke, dass sich das
vielleicht nicht verändert hat.

Auf all diese Weisen
bin ich anders,
anders aus all diesen Gründen.
Über die Jahre
habe ich gelernt, damit zu leben.
Aber an manchen Tagen
fühle ich es stärker
als an anderen.

Was das alles bedeutet: Ich denke, dass ich nirgendwo wirklich hinpasse. Ich hatte einmal eine Cousine, die in England wohnte. Sie und ihr Mann waren aus Deutschland dorthin geflohen. Sie hatten ein gutes Leben, ein produktives Leben, ein Leben, das sie mochten. Die Quäker hatten ihnen geholfen, sich zurechtzufinden, und nach langen Überlegungen wurden sie und ihr Ehemann Quäker. Sie hat es nie bereut. Aber eines Tages, etwa vierzig Jahre, nachdem meine Cousine nach England gekommen war, sagte sie zu mir:

„Du weißt, ich werde nie hierher passen. Ich fühle mich nicht länger deutsch, aber ich fühle mich nicht englisch. Ich spreche sowohl Deutsch als auch Englisch fließend, aber ich habe einen Akzent. Ich fühle mich nicht jüdisch, aber ich fühle mich auch nicht christlich. Ich bin weder Fisch noch Fleisch."

Das macht es so deutlich wie alles andere. Es hat tatsächlich nichts damit zu tun, jüdisch zu sein. Es hat, glaube ich, mehr damit zu tun, eine Immigrantin zu sein. Du kannst andere Sitten und Gebräuche lernen, Lieder, Spiele, wie man Feste feiert, du kannst die Sprache eines Landes lernen. Aber niemand wird dich jemals vergessen lassen, dass du immigriert bist, dass du anders bist. Oft begegnet dir das in Gestalt eines Kompliments: *„Du sprichst so gut Englisch. Du hast gar keinen Akzent."* Doch so wird der Unterschied hervorgehoben. Ich habe den größten Teil meines Lebens gebraucht, um herauszufinden, dass man niemals dazu gehört. Und dass man auch damit zu leben lernt. Die von uns, die wie ich den Holocaust überlebt haben, haben zumindest zeitweise in vielen verschiedenen Ländern gelebt. Ich war in Deutschland zur Welt gekommen und hatte dort meine ersten fünf Jahre verbracht. Dann waren wir nach Amsterdam gezogen, was bedeutete, eine neue Sprache und neue Sitten und Gebräuche zu lernen. Während wir dort lebten, wurden wir für staatenlos erklärt, weil Hitler sagte, dass jeder Jude, der Deutschland verlassen hatte, die deutsche Staatsbürgerschaft verlor. Dann kam der Krieg und der Holocaust, und wir wurden erst in das eine und dann das zweite Konzentrationslager deportiert. Nach dem Krieg kehrten wir nach Holland zurück, in ein Holland, das sich sehr von dem Land unterschied, das es gewesen war. Dann kam meine Zeit in Dänemark – noch eine andere Sprache, die ich nicht verstand, und Sitten und Gebräuche, über die ich nichts wusste. Zurück nach Holland nach drei Monaten. Etwa 1953 oder 1954 zogen meine Eltern (vorläufig!) nach London, wo sie zehn Jahre blieben, und danach zogen sie (wieder vorläufig!) nach Zürich, wo sie nach etwa sechzehn Jahren schließlich starben. Zwischenzeitlich war ich in die USA ausgewandert. Ist es ein Wunder, dass ich mich manchmal wie am

falschen Platz fühle? Natürlich bin ich nicht die Einzige –
das ist vielen Familien passiert, die überlebt haben. Aber
ich kann in Wahrheit nur über mich sprechen.

Während meiner Jugend und noch mit Anfang zwanzig
kam alles, was ich gut konnte oder wozu ich Talent hatte
oder jeder körperliche Vorzug immer von jemand
anderem. Meine Eltern pflegten zu sagen, dass ich meine
guten Zähne von meinem Vater hatte und meine
Gesichtszüge von meiner Mutter, weil ich ihr so ähnlich
sah. Ich war gut in Sprachen, weil meine Mutter und
meine Großmutter es auch waren. Meine Intelligenz
hatte ich von meinem Vater geerbt. Irgendwie war nichts
wirklich *mein*. Ich fand es damals sehr verletzend, obwohl
es nicht so gemeint war. Aber es gab mir das Gefühl, dass
ich nichts von mir selbst aus war. Und wenn ich nichts bin,
existiere ich dann wirklich? Und doch habe ich in diesen,
meinen späteren Jahren herausgefunden, dass mir meine
Geschichte gehört. Meine Lebensgeschichte ist mein,
meine Gefühle sind mein, meine Intelligenz ist mein, mein
Gedächtnis ist mein. Es war eine von vielen Entdeckungen,
die ich sowohl der Therapie als auch dem Kontakt mit
den Child Survivors verdanke. Diese Verbindung hat
gehalten. Wir sind als Gruppe von Child Survivors seit 1983
zusammen. Seit 1983 haben wir Zusammenkünfte, Konferenzen genannt, jedes Jahr an einem anderen Ort,
sodass alle, in jedem Staat oder Land, eine Chance hat,
dabei zu sein. Wir sind eine Familie geworden, die
Schwestern und Brüder, die wir nie zuvor gehabt hatten.
Viele von uns waren seit ihrer Kindheit Waisen. Viele von
uns haben keine leiblichen Schwestern oder Brüder. Aber
wir haben jetzt Geschwister – die einer von uns „Phantom-
geschwister" genannt hat – und wir genießen unsere
Gesellschaft und helfen einander. Wir treffen uns für
gewöhnlich in Hotels, aber die Orte, an denen wir uns

versammeln, sind für uns keine gewöhnlichen Orte. Hier kommt ein Gedicht, dass ich 1999 geschrieben habe, nach einer unserer Konferenzen.

EIN ANDERER ORT

Einmal wieder haben wir uns
willkommen geheißen,
wir, jüdische Kinder des Holocaust,
auf einer Konferenz der Child Survivors,
zum neunten Mal in neun Jahren.
Wenn wir ankommen,
wo auch immer wir herkommen,
kommen wir, um bei unserer Familie zu sein,
unseren Wahlverwandten.
Dieser Ort, wo auch immer er ist,
wird ein anderer Ort,
ein magischer Ort,
ein heiliger Ort –
weil wir alle hierher gehören.

Wir alle begreifen,
dass wir Kinder sind,
Kinder, die ihre Kindheit verloren haben,
Kinder, die jetzt erwachsen sind,
mit den Erinnerungen von Erwachsenen,
Erwachsenen, die sich nicht daran erinnern,
Kinder gewesen zu sein.
Dies hier ist jetzt eine andere Welt,
eine Welt der Kindheit und des Spielens,
jetzt, da wir älter werden.
Eine Welt des mittleren oder höheren Alters,
jetzt, da wir lernen, wie man spielt.

Wir sind einander näher
als unserer anderen Familie:
Ehefrauen, Ehemännern, Töchtern, Söhnen.
Wir kennen einander nicht so lange,

aber wir verstehen einander besser.
Dieselben Schatten lauern in unseren Augen,
dieselbe Sonne scheint aus unserem Lächeln,
selbst wenn uns Tränen die Wangen hinunterlaufen.
Wir sind ein lebendes Wunder,
weil wir noch da sind,
weil wir leben können,
heute genauso wie gestern und morgen,
obwohl nicht vorgesehen war,
dass wir überhaupt leben.
Wir schauen zurück in die Vergangenheit,
wir schauen nach vorne in die Zukunft,
in ein und demselben Blick.
Wir sind vielleicht nicht vollständig,
aber wir sind voll und ganz menschlich.
Das Wunder ist, dass wir *leben*.

Wir tragen die gleichen schweren Lasten,
aber wir tanzen voller Freude,
wenn wir alle zusammen sind,
wir enthüllen das Kind in uns.
Da wir langsam älter werden,
wird unsere Last nicht leichter,
aber wir tragen sie gemeinsam, und wir sind viele.
Wir sind gesegnet mit einander
und durch unsere Gegenwart.
Wir fühlen nicht nur etwas für einander,
wir fühlen auch mit einander.
Die Gefühle von einem oder einer von uns
sind die Gefühle von uns allen,
auch wenn wir uns gerade erst begegnet sind.

Hier sind wir keine Außenseiter,
keine Fremden,
nicht „exzentrisch",

nicht „eigenartig", nicht „sonderbar".
Hier sagt man uns nicht, wir sollen vergessen,
weil es schon so lange her ist,
weil wir „nur" Kinder gewesen sind
und daher nicht gelitten haben,
uns nicht erinnern und nichts wissen.
Hier sind wir unter Verwandten,
vor langer Zeit verloren oder nie gehabt,
hier sind wir Geschwister,
obwohl wir nicht die gleichen Eltern hatten.
Hierher gehören wir. Endlich.

Wir Child Survivors verständigen uns oft ohne Worte. Die
zweite Generation, die Kinder der Überlebenden, die
nach dem Krieg geboren worden sind, verbindet das
Gleiche. Unsere Eltern haben über die Vergangenheit
entweder viel zu viel oder überhaupt nicht gesprochen.
Die meisten von uns, deren Eltern nicht über die Vergangenheit gesprochen haben, sind übrig geblieben, um
einiges selbst herauszufinden. Es hat viele Jahre gedauert.
Viele Jahre, um mögliche leibliche Brüder oder Schwestern zu finden, die überlebt haben könnten. Viele Jahre,
um Kontakte mit Familien wieder herzustellen, die
untergetauchte Kinder aufgenommen hatten, deren
leibliche Eltern ihnen später jeden Kontakt untersagten.
Viele Jahre, um herauszufinden, was wir verstanden,
wussten, erlitten hatten und an das wir uns erinnern. Viele
Jahre, um unsere Child Survivors Geschwister zu finden,
aber jetzt ist dieses Band stark. Ja, wir streiten uns
manchmal – welche Geschwister tun das nicht? Nein, wir
sind nicht immer einer Meinung – welche Geschwister
sind das? Und, da wir uns weiterhin treffen und in Kontakt
bleiben, wird unser Band noch stärker, weil wir jetzt eine
Familie haben, zu der wir wirklich gehören.

WICHTIGE DINGE HEUTE

Es gibt einige Dinge, die mir heute wichtig sind. Ein paar davon sind materiell – obwohl ich mich davon losgelöst habe! –, andere sind es nicht. Es ist mir wirklich wichtig, genug zu essen im Haus zu haben, nicht nur genug für heute oder für die ganze Woche, sondern eine bestimmte Vorratsmenge für eine unbestimmte Zeit, für den Fall der Fälle... Es ist für mich auch wichtig, dass ich genug Toilettenpapier und Seife im Haus habe – auch das ist ein Bedürfnis. Das Erstere gab es nicht im Lager, und das Letztere war sehr, sehr rar. Reinigungsprodukte, wie es sie ebenfalls nicht im Lager gab, sind mir auch wichtig. Wenn ich diese Dinge nicht habe oder merke, dass sie mir allmählich ausgehen, werde ich sehr nervös, und das Bedürfnis, in den Laden zu gehen, überwältigt mich.

Auch die unbegrenzte Möglichkeit, warmes Wasser zu haben, ein warmes Bad oder eine heiße Dusche, ist mir wichtig. Nichts davon gab es in den Lagern, und es ist immer noch ein Wunder, dass ich all das heute habe. Auch die Möglichkeit zu haben, hinzugehen, wohin ich will und wann ich es will, ist mir wichtig. In den Konzentrationslagern war ich hinter Stacheldraht eingesperrt. Ich konnte nirgendwohin. Jetzt ist es das Gegenteil, und das gibt mir das Gefühl, frei zu sein.

Eine andere wichtige Sache ist, keine Angst vor dem Tod haben zu müssen. Ich fürchte mich nicht vor dem Sterben.

Vielleicht war ich in den Lagern dem Tod so nah, dass er eine Art Person wurde, jemand, den man nicht fürchtet, der aber immer da ist. Sollte mir etwas passieren, wie es immer und überall sein kann, nun, dann ist es so. Ich halte nicht nach dem Tod Ausschau, ich lade ihn nicht in mein Haus oder in meine Gegenwart ein, aber ich fürchte mich auch nicht vor dem Tod.

Das bringt mich auf die nicht-materiellen Dinge. Eins davon ist, Zeugnis abzulegen. Ich mache das, indem ich über meine Erfahrungen spreche. Ich habe in Schulen und vor anderen Gruppen zahlreiche Vorträge gehalten und buchstäblich mit jedem gesprochen, wie auch immer man das nennen soll, mit jedem, der wollte, dass ich vorbeikomme. In Schulen in meiner Region, in Klassen, deren Lehrer mich angerufen und mich gefragt hat. Ich bin hingegangen, um meine Geschichte zu erzählen. Oft bitten mich Leute, über „den Holocaust" zu sprechen. Das ist unmöglich, es würde Jahre dauern, alles anzusprechen, und ich bin keine Expertin für alles, was in allen Ländern geschehen ist. Ich *bin*, wie auch immer, eine Expertin, was meine eigene Geschichte angeht.

Für gewöhnlich hatte der Lehrer schon ein langes Programm von Vorträgen, Vorlesungen, Filmen, Forschung und so weiter abgespult. Wenn ich kam, um zu berichten, war ich eine Zeugin. Ich war dort gewesen, ich habe es gesehen. Ich weiß, dass es geschehen ist. Niemand kann mir sagen, dass es keinen Holocaust gegeben hat, dass Juden nicht ermordet worden sind. Ich war dort. Also konnte ich den Schülerinnen und Schülern sagen, dass ich ein Kind war, wie alt ich war, was wann geschehen ist. Sie hatten in der Regel jede Menge Fragen, und ich habe mir Zeit dafür gelassen. Interessanterweise fragen Schülerinnen und Schüler mehr, je niedriger die Klassenstufe ist.

Wenn ich genug Zeit hatte, habe ich manchmal eines meiner Gedichte vorgelesen. Das hing auch von der Klassenstufe ab. Ich konnte nicht einfach auf die gleiche Weise mit einer fünften und einer zwölften Klasse sprechen. Manche Klassen machten Zeichnungen. Manche Schülerinnen und Schüler wollten ein Foto mit mir machen. Ein paar wollten meine Hand schütteln. Manche waren einfach nur erstaunt, dass jemand aus dieser lange vergangenen Zeit tatsächlich immer noch am Leben ist und vorbeikommen kann.

Diese Besuche und Vorträge waren mir immer extrem wichtig. Warum? Weil es keine Zeitzeuginnen und Zeitzeugen mehr geben wird, wenn meine Generation der Child Survivors irgendwann nicht mehr da sein wird. Es wird Video- und Tonaufnahmen geben, ja, aber keine lebenden Zeuginnen und Zeugen. Also will ich, solange ich es kann, Zeugnis ablegen, dass der Holocaust sich ereignet hat, dass es wirklich geschehen ist und dass es wieder geschehen kann, wenn die Zeit und das Klima reif dafür sind. Ich habe mich in meinen Vorträgen immer auch gegen Vorurteile gewandt, weil das dazu gehört. Zu meiner Zeit waren es Vorurteile gegen die Juden – und das hat sich nicht geändert, es gibt sie immer noch –, aber es existieren noch andere Vorurteile: von Weißen gegen Menschen mit einer anderen Hautfarbe oder mit einer anderen Augenform. Vorurteile von gesunden Menschen gegen Behinderte: Hast du schon jemals jemanden in einem Rollstuhl beobachtet, vielleicht in einem Restaurant? Der Kellner fragt dann oft die Person, die den Rollstuhl schiebt: „Was nimmt er (oder sie)?" Meine Antwort ist: „Warum fragen Sie ihn (oder sie) nicht selbst?" Nur weil jemand nicht laufen kann, heißt das nicht, dass dieser Mensch nichts hört oder keine Frage beantworten kann! Es gibt alle Sorten von Vorurteilen, und sie alle müssen aus der Welt geschafft werden, wenn das irgendwie geht.

Die Erinnerungen, die wir Holocaustüberlebenden haben, werden wir nicht los, sie begleiten uns immer, wie sich in diesem Buch gezeigt hat. Ich empfinde das Bedürfnis, diese Erinnerungen mit anderen zu teilen. Geschichte wird lebendig, wenn jemand dabei gewesen ist und sagen kann: „Ich war dort." Ich empfinde es als Verpflichtung, darüber zu sprechen, obwohl es eigentlich keine Verpflichtung für mich ist, sondern ein Bedürfnis. Das Bedürfnis wird größer mit dem Alter. Unsere Zeit ist begrenzt. Wenn ich jetzt nicht rede, wer wird es denn dann tun? Auf eine bestimmte Weise ist es auch ein Beweis für mich selbst, dass ich nicht *in* der Vergangenheit lebe, obwohl ich natürlich *mit* ihr lebe. Das bedeutet, dass ich sie herausholen und anschauen kann, wann es mir passt, nicht nur dann, wenn sie von selbst herauskommt. Ich glaube, dass wir uns keine Gleichgültigkeit leisten können. Wenn wir, die es erlebt haben, nicht das Wort ergreifen, wer wird es dann tun?

Ich verspüre auch ein großes Bedürfnis, für die Kinder einzutreten, die nicht überlebt haben, die anderthalb Millionen Kinder, die ermordet worden sind. Sie können nicht für sich selbst sprechen. Eine von uns muss es tun. Also tue ich es. Ich führe ihr Leben nicht fort, aber sie haben einmal gelebt. Sie waren Individuen, keine amorphe Masse von Kindern. Das muss deutlich gemacht werden. Ich habe 1992 ein Gedicht über diese Kinder geschrieben, unter dem Titel, den sich die anderen Child Survivors ausgedacht hatten, obwohl ich ihn in einem anderen Sinn verwende:

FANTOMGESCHWISTER

Wohin der Pfad meines Lebens mich auch führt,
ich bin nie allein,
eine Schar von Fantomgeschwistern umgibt mich.
Sie gehen vor mir her, die Gesichter rückwärts gedreht,
folgen mir, die Hände nach mir ausgestreckt,
schweben um mich herum
wie eine Wolke aus Tränen.
Sie warten, hoffen auf ewig auf ein Gedenken,
ihre Geduld kennt kein Ende.

Ihre Körper sind vor langer Zeit ermordet worden
in den Jahren des Holocaust,
jetzt begleiten ihre Schatten mich –
geisterhafte Schemen ihres lebendigen Selbst.
Einige sind nackt,
dünne Rippen drücken sich
durch ihre schmutzige Haut,
Angst spiegelt sich in ihren Gesichtern.
Andere sind in Lumpen gekleidet,
die kaum die vom Hunger geschwollenen Bäuche
verhüllen,
bleiche Gesichter flehen um Mitleid.
Andere sind gekleidet in bunte Kleider,
Schulranzen noch immer auf ihrem Rücken,
ein Lachen noch immer auf ihren Lippen.
Ich kenne keines von ihnen beim Namen,
ich kenne sie alle, weiß um ihre Leiden.
Jede Freitagnacht rezitiere ich das Kaddisch
für alle diese winzigen Fantome.
Ich würde eine Million Jahre brauchen,
um für jede einzelne Seele das Kaddisch zu sagen,
also müssen sie sich ihr Totengebet teilen.

Sie wissen das, sie akzeptieren das
auf ihrer Weiterreise mit mir,
die ich beinah eine von ihnen geworden wäre.

Sie sind von mir abhängig,
sie sind von uns allen abhängig,
die damals Kinder waren,
Kinder genau wie ich.
Sie zählen auf uns, auf mich,
weil wir alles sind, was sie haben.

Ich bin an ihre Gesellschaft gewöhnt,
habe sie lieben gelernt,
wäre einsam ohne sie.
Ich bin verantwortlich für sie,
sie sind meine Schwestern, meine Brüder, meine Familie.
Sind sie statt meiner gestorben?
Sie sind ein Teil von mir,
so wie ich ein Teil von ihnen bin.
Sie leben mit mir,
so wie ich mit ihnen gestorben bin.
Das Kaddisch für meine Fantomgeschwister zu sagen,
ist meine Art, dafür zu danken,
dass ich noch am Leben bin.

Vorträge zu halten, ist dann ein Teil des Vermächtnisses,
das ich hinterlasse möchte. Ein anderer Teil dieses
Vermächtnisses besteht aus Video- und Audioaufnahmen,
die ich für eine Reihe von Museen und Organisationen
gemacht habe und die meine Geschichte erzählen. Wenn
ich gestorben sein werde, werden wenigstens noch diese
Aufnahmen meine Geschichte erzählen. Es ist nicht so gut
wie eine lebende Zeitzeugin, aber sehr viel besser als gar
keine Zeugen.

Ist der Krieg vorbei?

Ist der Krieg also vorbei? Wirklich und wahrhaftig vorüber? Offensichtlich sind die Schlachten des Zweiten Weltkrieges vorbei und zwar schon seit langer Zeit. Aber was ist mit denjenigen, die das alles durchgemacht haben? Noch einmal: Ich kann nur für mich sprechen, vielleicht auch ein bisschen für meine Eltern, aber ganz sicher nicht für alle anderen.

Die Taubheit, die mit der Verfolgung von uns Juden begonnen hatte, hielt lange an, in der Tat viele Jahre. Für eine sehr lange Zeit konnte ich nicht „die Tür zu mir selbst öffnen". Ich hatte Angst, es auch nur zu versuchen, weil mich die Erfahrung gelehrt hatte, dass niemand es hören wollte. Es war auch viel zu schmerzhaft für mich, darüber zu sprechen oder zu schreiben. Ich dachte, dass ich, wenn ich versuchen würde, diese Tür zu öffnen, anfangen würde zu weinen und nie wieder würde aufhören können. Ich würde in meinen eigenen Tränen ertrinken. Ich hatte so viel verloren: meine Großeltern, alle ihre Geschwister und die Nachkommen dieser Geschwister, alle Freunde, die ich in meiner deutschen Kindheit gehabt hatte, und alle, die ich ein wenig später in meiner holländischen Kindheit gefunden hatte. Es gab auch andere Verluste: die Umgebung, an die ich als kleines Kind gewöhnt war, den Kontakt mit meinen

Angehörigen, wie zum Beispiel den Cousins meines Vaters und meiner Mutter. Ich verlor meine Muttersprache, Deutsch, in dem Sinn, dass sie in Holland nicht als eine der nationalen Sprachen gesprochen wurde und dass es eine Sprache wurde, vor der ich mich fürchtete, weil es die „offizielle" Nazi-Sprache und die Sprache des Konzentrationslager war.

Ich verlor mein Spielzeug, das für mich, ein Kind, sehr wichtig war. Ich verlor meine Privatsphäre. Meine Mutter und mein Vater verloren alle ihre Angehörigen und Freunde, ihren Besitz, genauso wie ihre Sprache und ihre Privatsphäre. Genau wie ich nach dem Krieg das Gefühl hatte, mich selbst verloren zu haben, mögen meine Eltern das empfunden haben. Wenn ich die erwähnte Tür geöffnet hätte, wäre all dies nach draußen gedrungen, alles hätte betrauert werden müssen, und ich wusste damals, dass ich nicht dazu imstande war. Noch nicht. Also war es besser, sicherer, es nicht zu versuchen. Irgendwann war ich, dank meiner sehr guten Therapeutin, in der Lage, diese Tür zu mir selbst zu öffnen und in mich hineinzuschauen und mit dem umzugehen, was ich dort fand. Mit ihrer Hilfe war ich dazu fähig, meine Verluste zu betrauern. Ich war imstande, einen Blick auf das zu werfen, was geschehen war, darüber nachzudenken und Vorstellungen loszuwerden, die mir in den Kopf gesetzt worden waren: „dass wir „es nicht wirklich so schlecht gehabt hatten". Immerhin war Theresienstadt von den Nazis als „Ghetto" ausgegeben worden, nicht als Konzentrationslager. Ein Ghetto für diejenigen unter den Juden, die privilegiert waren. Das war natürlich überhaupt nicht die Wahrheit. Theresienstadt war ein Konzentrationslager, und das „Privileg" muss mit großer Vorsicht genossen werden. Ist es ein Privileg, verhungern zu müssen? Ist es ein Privileg, geschlagen zu werden? Ist es ein Privileg, sich zu Tode schuften zu müssen? Ist es ein Privileg, immer zu frieren? Ist es ein Privileg, keine Seife und kein Toilettenpapier zu haben? Ich kann gut auf diese Privilegien verzichten!

Es ist immer noch sehr schwierig, über diese Jahre und diese Erfahrungen zu sprechen. Aber heute kann ich die Tür willentlich öffnen und sie auch willentlich schließen. Das bedeutet, dass ich mich, wenn ich mit einer Schulklasse oder einer anderen Gruppe spreche, von dem distanzieren kann, was ich erzähle. Normalerweise holt das Thema mich wieder ein, wenn ich nach Hause komme, und manifestiert sich als enorme Müdigkeit.

Was nicht nachgelassen hat, ist das Gefühl, anders zu sein, niemals vollständig dazuzupassen. Was auch nicht nachgelassen hat, ist das Bemühen, mein Bestes zu geben bei allem, was ich tue. Dieses Gefühl hatte ich sogar schon in der Grundschule, nach dem Krieg, und es hat mich nie verlassen. Ich müsste mein absolut Bestes geben, dachte ich. Für wen? Ich weiß es nicht. Meine Eltern erwarteten das nicht. Ich denke, es hatte mit dem Gefühl zu tun, einen Makel zu haben, ein Gefühl, das ich als Kind und als junges Mädchen hatte. Wenn ich mein Allerbestes tat, würde das den Makel wettmachen. Mein Leben lang habe ich mein Bestes gegeben.

Heute ist der Krieg vor allem deshalb nicht vorüber, weil es zu viele „Anreize von außen" (mein Wort für diese Dinge) gibt, die Erinnerungen auslösen. Geräusche wie Polizeisirenen, Feuerwehrsirenen, sogar das Knallen von Feuerwerk. Gerüche und Visionen wie der Regenschirm, den ich für eine Waffe hielt. Einmal sah ich von einem Motelfenster zwei sehr hohe Schornsteine, aus denen Flammen stiegen. Auch dieses Mal muss ich aschfahl geworden sein, denn einige Leute, die bei mir waren, sahen mich sehr eigenartig an. Natürlich erklärte ich ihnen nichts – schließlich verstecke ich mich immer noch, und außerdem hätte ich tief in die Vergangenheit zurückkehren müssen, um zu erklären, was mich geängstigt hatte. Ganz tief in die Vergangenheit. Ich kann das nicht von meinem Versteck aus tun. Und da sind die Berührungen: entweder die Berührung eines Stoffes, den ich nicht mag – normalerweise, weil er mich an etwas erinnert, das ich im Lager getragen habe. Oder jemand, der mich berührt, ohne dass ich diese Person habe kommen sehen. Das plötzliche Klingeln einer Glocke verursacht mir Gänsehaut. Manchmal sind diese Dinge meine Interpretation, manchmal nicht. Eines Abends, vor langer Zeit, roch ich Gas im Haus. Ich sah überall nach, aber ich konnte kein Leck finden. Ich rief die Gaswerke an, jemand kam. Es war nichts zu finden. Ich hatte ein Jahrzeitlicht, eine Kerze, die angezündet wurde, um an den Todestag eines Menschen zu erinnern, für einen Freund, der in den Gaskammern ermordet worden war. Es gab keinen Gasgeruch, nur in meiner Vorstellung.

Obwohl ich Memoiren und andere Bücher über den Holocaust lesen kann, kann ich mich nicht überwinden, einen Kinofilm oder ein Theaterstück darüber zu sehen, oder auch nur einen Kriegsfilm, der gar nichts mit dem Holocaust zu tun hat. Filme bringen Situationen zum Leben, und ich werde zu sehr hineingezogen. Es scheint mir so, als sei ich *in* der Situation, und das macht mir Angst: Die Vergangenheit ist zurückgekommen. Also vermeide ich diese Art von Film. Ich kann es mir nicht leisten, solche Filme zu sehen: Die Konsequenzen sind entweder eine Woche voller Albträume oder eine Migräne, die einige Tage anhält. Um ein Beispiel zu geben: Es gab vor einigen Jahren einen Film über einen kleinen Jungen, der während des „Blitz" in London war. Den Titel habe ich erwartungsgemäß vergessen. In diesem Film gab es eine Szene, in der die Mutter des Jungen Klebeband, Paketklebeband, die Fenster ihres Hauses abklebte, damit Bomben, wenn sie auf ihr Wohnviertel fielen, die Scheiben nicht zerstören würden. Ich erinnere mich sehr gut daran, wie meine Mutter und meine Großmutter das getan hatten. In diesem verdunkelten Kino wisperte ich der Mutter zu: *„Nein, nein, das ist das falsche Klebeband. Es muss breiter sein, sonst hilft es nicht!"* Das meine ich, wenn ich sage, dass ich zu sehr in die Situation hineingezogen werde.

Manchmal fragen mich Leute, wie mein Leben verlaufen wäre, wäre ich nicht im Holocaust gewesen. Darauf habe ich natürlich keine Antwort, denn ich *war* nun einmal im Holocaust. Aber ein paar Dinge weiß ich: Meine Eltern hätten mehr Kinder bekommen. Meine Mutter und mein Vater waren beide keine Einzelkinder und wollten mehr als ein Kind. Aber ich war in dem Jahr geboren, in dem Hitler an die Macht kam. Bis meine Eltern sich erholt hatten und in der Lage gewesen sein könnten, sich ein weiteres Baby zu leisten, war es zu spät. So wie es bei mir Nachwirkungen gab, gab es auch bei meinen Eltern Nachwirkungen. Mein Vater konnte es nicht ertragen, wenn es an der Tür klingelte, oder wenn plötzlich das Telefon ging. Nach dem Krieg schlief er nie wieder gut: Keine einzige Nacht schlief er durch. Außerdem wollte er unter Kontrolle haben, was irgend möglich war. Also war sein Schreibtisch immer perfekt aufgeräumt oder er hatte zumindest sämtliche Papiere aufgestapelt, die Briefmarken waren in einer bestimmten Schublade und alles an seinem Platz. Was immer auch im Voraus geplant werden konnte, wurde im Detail geplant. Nichts wurde dem Zufall überlassen. Meine Mutter war nicht so, aber nach dem Krieg lachte sie nie wieder laut, sondern lächelte allenfalls. Beide hatten die gleiche Gewohnheit wie ich: Ein reichlicher Vorrat mit Nahrungsmitteln musste im Haus sein. Wir drei waren eine sehr eng verbundene Familie: Wir konnten über alles und jedes sprechen, außer, wie erwähnt, über den Krieg und den Holocaust. Ich fand es total normal, mit einem Problem, ganz gleich, mit welchem, zu meiner Mutter oder zu meinem Vater zu gehen. Wie auch immer, genau wie sie mich niemals beunruhigen wollten, wollte auch ich nicht, dass sie sich Sorgen machten. Und so gab es Dinge, über die man hätte reden sollen, über die aber nicht geredet wurde.

Ist der Krieg also vorüber? Nein, das ist er nicht, weder für mich noch für die anderen Child Survivors, die ich kenne. Er wird nie vorüber sein. Unsere Gespenster werden immer um uns sein, unsere Erinnerungen werden immer da sein, unsere Eigenheiten werden sich immer bemerkbar machen, und auch wenn wir jetzt allmählich alt werden, werden wir immer Kinder sein – die Kinder, die wir in Wirklichkeit nie sein durften.

Lasst mich mit einem weiteren Gedicht enden, dass den Unterschied beschreibt zwischen den Jahren nach dem Krieg und heute.

DAMALS UND HEUTE

Es war der Juni
Neunzehnfünfundvierzig,
als wir nach Amsterdam
zurückkehrten
aus den Konzentrationslagern,
in denen wir zwei Jahre lang
eingesperrt gewesen waren.

Bei unserer Ankunft
umarmten uns unsere Vorkriegsnachbarn
zur Begrüßung,
und wir lebten bei ihnen
mindestens ein Jahr,
bevor wir wieder
in unsere Vorkriegswohnung ziehen konnten.

In diesen ersten Jahren
nach dem Krieg
gab es nicht viel
von irgendwas
in Holland, weder
Kleidung, Kohle, Essen
noch Wohnraum.

Obwohl Nahrung sehr knapp war,
teilten sie, was sie hatten,
und teilten es unter uns allen.
Es war einfaches Essen,
aber großzügig verteilt
und in Freiheit gegessen.

Wir nahmen kein Bad
und duschten nicht,
es sei denn, mit kaltem Wasser.
Wir wuschen uns am Waschbecken
mit eiskaltem Wasser,
das nur manchmal
halbwegs lauwarm war,
wenn wir es in einem Kessel
erhitzt hatten.

Als die Zeiten
schließlich besser wurden,
gab es heißes Wasser
einmal die Woche,
und wir nahmen ein Bad
in zehn Zentimeter hohem Wasser.

Als der Winter kam,
gab es keine Wärme,
weil es keine Kohle gab,
um die Heizung zu befeuern.
Wir trugen mehr Kleider,
falls wir welche hatten,
um uns warm zu halten.
Als die Zeiten
schließlich besser wurden,
hatten wir ein bisschen Wärme,
zumindest manchmal.

In meinem Zimmer,
das nach Nordosten lag,
gab es einen kleinen Radiator.
So etwas wurde Zentralheizung genannt,

aber er wärmte nur
die Ecke, in der er stand.
Ich legte ein Kissen darauf
und setzte mich darauf,
um mich warm zu halten,
während ich meine Hausaufgaben machte.

Ein paar Jahre später
hatten wir jeden Tag
heißes Wasser.
Jeden Tag ein warmes Bad
in einer vollen Badewanne:
Was für ein Luxus!

Dann erzeugten unsere Radiatoren
mehr Wärme,
weil es mehr Kohle gab.
Das Haus war warm,
mit Ausnahme von meinem Zimmer,
das nach Nordosten lag.
Um mich warm zu halten,
machte ich meine Hausaufgaben im Bett.

Heute
habe ich ein warmes Haus
und zu jeder Zeit
warmes Wasser.
Ich kann all die Wärme haben,
die ich will,
die ganze Zeit,
und alle Duschen
und alle Bäder,
die ich will.
Jederzeit.

Ich habe warme Kleider,
immer, wenn ich sie brauche,
und jeden Tag
genug zu essen.
Was mehr sollte ich
mir denn wünschen?

NACHWORT

Ist der Krieg also vorbei? Wirklich vorbei? Die Kämpfe waren vorüber, als ich zwölf war, aber der Krieg war nicht vorbei. Ich wurde gewahr, selbst im Alter von zwölf, dass die Erwachsenen in meinem Leben ängstlich, vielleicht auch nur nervös waren. Sie hörten auf zu reden, wenn ich ins Zimmer kam. Ich wusste selbst in diesem Alter, dass sie oft Angst hatten, aber sie versuchten, das nicht zu zeigen. Ich wusste nicht, wovor sie sich fürchteten, aber mir war bewusst, dass ihre Angst der meinen ähnelte. Ich wusste auch nicht, wovor ich Angst hatte.

Die ersten Jahre nach dem Krieg waren schwierig für alle. Niemand hatte viel, das Land musste wiederaufgebaut werden, die Städte mussten wiederaufgebaut werden, es gab nicht genug Wohnraum, allen fehlten die notwendigsten Dinge zum Leben. Aber diese Jahre waren vielleicht doppelt und dreifach schwierig für jüdische Überlebende. Zusätzlich zu dem, was die anderen nicht hatten, hatten die Überlebenden auch ihre Familien und ihren gesamten Besitz verloren. Sie – wir – konnten nicht darüber sprechen, was sie – wir – durchgemacht hatten. Das war vielleicht der Hauptunterschied zwischen uns Überlebenden und dem Rest der Bevölkerung.

Da ich mich fühlte, als sei ich anders als die anderen, haben meine Eltern vielleicht ähnlich empfunden. Sie sprachen niemals darüber. Aber dieses Gefühl bedeutete, dass der Krieg nicht vorüber war. Ich passte nicht nur nicht dazu, meine Eltern und andere Erwachsene ebenso wenig. Zu allem Überfluss waren sie – wir – Immigranten, meine Eltern sprachen mit einem Akzent. Ich hörte ihn nicht mehr, aber die anderen schon.

Wir alle hatten und haben Erinnerungen. Da meine nicht „weggegangen" sind, bin ich sicher, dass die Erinnerungen meiner Eltern auch nicht verschwunden sind. Diese Erinnerungen werden niemals weggehen. Sie sind Bilder in meinem Kopf, heute so klar wie damals, als die tatsächlichen Dinge sich ereignet haben. Die Bilder werden niemals schwächer. Wie ich schon erwähnt habe: Die Gespenster verschwinden nie. Sie werden immer „herauskommen" wollen, um bei mir zu sein. Sie würden gerne Besitz von mir ergreifen, aber das werde ich ihnen nicht gestatten. Erinnerungen tun eigenartige Dinge, sie lassen dich Dinge sehen, die nicht sichtbar sind, lassen dich Geräusche hören, die nicht hörbar sind, lassen dich Dinge schmecken, die nicht auf deinem Teller sind, lassen dich Gerüche riechen, die niemand sonst riechen kann.

Und was machen wir mit unseren Erinnerungen? Oder besser: Was tue ich, da ich für niemand anderen sprechen kann? Ich schreibe sie auf, wie ich es in meinen früheren Büchern getan habe und wie ich es in diesem Buch tue. Ich versuche, so genau zu sein wie möglich, ich versuche zu erklären, was nicht wirklich erklärt werden kann. Ich spreche auch über sie, vor Schulklassen und anderen Gruppen. Einige Leute denken, dass dies alles „therapeutisch" ist. Es ist es nicht. Es ist jetzt genauso schwierig wie beim ersten Mal. Es wird beim nächsten Mal genauso schwierig sein wie jetzt. Es wird immer so sein, als wäre es das erste Mal.

Der Krieg ist *nicht* vorbei und wird es niemals sein – nicht für mich und nicht für die anderen Child Survivors, die ich kenne. Er hat uns verletzt, uns Wunden zugefügt, die nicht gut verheilen, falls überhaupt. Wir haben hässliche Narben, die man nicht sieht, die aber trotzdem da sind. Wir können sie fühlen. Wir werden älter, und doch fühlen wir uns wie Kinder. Wir haben selbst Kinder, und doch fühlen wir uns, als würden wir niemals erwachsen. Genauso wie wir 150 Jahre alt waren, als wir zwölf waren, sind wir jetzt, im Alter, immer noch Kinder. Nein, der Krieg ist *nicht* vorbei und wird es niemals sein.

WAS IST MIT WEM GESCHEHEN?

MEINE UNMITTELBARE FAMILIE

Gertrud Teppich, geborene Herz, meine Großmutter mütterlicherseits, nahm sich im November 1942 selbst das Leben, als sie nach Auschwitz deportiert werden sollte.

Ernst Silten, mein Großvater väterlicherseits, nahm sich im März 1943 das Leben, als die Nazis an seine Tür klopften, um ihn nach Auschwitz zu deportieren.

Marta Silten, geborene Friedberg, meine Großmutter väterlicherseits, nahm sich im Juli 1943 im Konzentrationslager Westerbork in Holland das Leben, als ihr Name auf einer Liste mit den Namen derjenigen auftauchten, die nach Auschwitz deportiert werden sollten.

Fritz Silten, mein Vater, überlebte Westerbork und Theresienstadt (Tschechoslowakei). Er starb im November 1980.

Ilse Silten, geborene Teppich, meine Mutter, überlebte Westerbork und Theresienstadt. Sie starb im Februar 1977.

Ursula (Ulle) Teppich, meine Tante, die Schwester meiner Mutter, ging 1938 in die Schweiz und verbrachte dort den Rest ihres Lebens. Sie starb im Mai 1990.

Heinz (Henry) Silten, mein Onkel, der Bruder meines Vaters, ging Mitte der Dreißiger nach England und verbrachte dort den Rest seines Lebens. Er starb im März 1953.

Ruth Gabriele S. Silten, ich, die Autorin dieses Buches, habe Westerbork und Theresienstadt überlebt. Ich habe in Amsterdam nach dem Krieg die Grundschule beendet und ging dort auch zur Oberschule. Ich bin im Februar 1959 in die USA gekommen und lebe seitdem hier.

ANDERE ANGEHÖRIGE, FREUNDE UND BEKANNTE

Carla, meine Nachbarin von oben und Freundin, genau wie ihre Schwester **Willy** und ihre Eltern, **Tante Trien** und **Oom Wim,** überlebten den Krieg in Amsterdam. Tante Trien und Oom Wim sind gestorben, aber Carla und Willy lebten noch in Holland, als dieses Buch erschien.

Onkel Hans und sein Sohn **Erik.** Onkel Hans war ein Cousin ersten Grades meines Vaters, trotzdem nannte ich ihn Onkel. Er lebte in Dänemark, wurde während des Krieges nach Schweden gebracht und überlebte dort. Er kehrte nach Dänemark zurück und starb dort 1970. Sein Sohn Erik war noch am Leben, als ich dieses Buch schrieb, und lebte in Dänemark. Onkel Hans hatte auch eine Tochter, Anette, lange nach dem Krieg, sie lebt in Dänemark mit ihrem Sohn und ihren drei Enkeltöchtern.

Edith, meine Freundin und Schulkameradin, überlebte den Krieg in einem Versteck. Sie lebte noch in Holland, als dieses Buch entstand.

Herr und Frau Katz, Freunde meiner Eltern, lebten nach dem Krieg in Amsterdam und starben dort.

Elisa, meine Freundin seit Genf, beendete ihr Studium dort und kehrte nach Portugal zurück. Sie lebte dort, als dieses Buch entstand.

Herr und Frau Van der Guus, Freunde meiner Eltern, überlebten den Krieg in Holland. Wir freundeten uns nach dem Krieg an, sie waren eine Weile meine „Vermieter". Sie lebten in Holland und sind dort gestorben.

Fred und Jetty Benjamin, Freunde meiner Eltern, überlebten den Krieg in mehreren Konzentrationslagern. Sie emigrierten nach dem Krieg in die USA, lebten zunächst an der Ostküste und zogen nach ihrer Pensionierung an der Westküste. Fred starb 1959, Jetty 1986.

Hans Cossen, mein einziger Freund in Theresienstadt, war ein paar Jahre jünger als ich und stammte aus Norden in Ostfriesland. Wir waren unzertrennlich. Im November 1944 wurden **Hans**, sein Bruder **Werner** und ihre Eltern **Eduard und Susanne Cossen** von Theresienstadt nach Auschwitz deportiert und dort gleich nach der Ankunft vergast.

Max Heppner, mein Kindheitsfreund aus der ersten und zweiten Klasse, überlebte den Krieg gemeinsam mit seinen Eltern in einem Versteck. Sein Vater starb kurz nach dem Krieg. Max und seine Mutter emigrierten in die USA. Max lebt in Florida.

GLOSSAR

buiten (holländisch): draußen
ça, s'il vous plaît (französisch): das, bitte!
Dag Mevrouw (holländisch): Guten Tag, Frau ...! Guten Abend, Frau...!
Dank U wel Mevrouw (holländisch): Danke, Frau....!
fout (holländisch): falsch
foute Ouders (holländisch): „falsche" Eltern, als Eltern, die mit den Nazis kollaboriert hatten)
Griffel (holländisch): Griffel
Griffeldoos (holländisch): Griffelkasten
Hongerwinter (holländisch): Hungerwinter, der Winter 1944/45
Kaddisch (hebräisch): buchstäblich: Heiligung. Es ist ein Gebet, das traditionsgemäß von Trauernden gesprochen wird.
La vieille ville (französisch): die Altstadt, die alte Stadt
Lei: Schiefertafel
Lyceum (holländisch): Lyzeum
mag (holländisch): darf
Mag Gaby buiten spelen? (holländisch): Darf Gaby zum Spielen rauskommen?
Maison des Etudiants (französisch): Studentenwohnheim
Mevrouw (holländisch): Frau
Mijnheer (holländisch): Herr
Nationaal Socialistische Bond (NSB): die holländische Nazipartei

Oom (holländisch): Onkel
Ouders (holländisch): Eltern
sloom (holländisch): langsam, langweilig, dröge
spelen (holländisch): spielen
Tante (holländisch): Tante
Theresienstadt: Konzentrationslager in der von den Deutschen besetzten Tschechoslowakei, der tschechische Name ist Terezín.
Westerbork: Konzentrationslager in den Niederlanden.
Der Zauberberg: Roman von Thomas Mann

Mit vielem warmen Dank an Monika Felsing, die dieses Buch genau so schön übersetzt hat wie mein erstes Buch „Between Two Worlds".